Kuhnlein
Photoshop 7

echt einfach

Kay Michael Kuhnlein

Photoshop 7

echt einfach

Das echt einfache Computerbuch

Mit 230 Abbildungen

Franzis'

Die Deutsche Bibliothek – CIP-Einheitsaufnahme

Ein Titeldatensatz für diese Publikation ist bei
Der Deutschen Bibliothek erhältlich

Wichtiger Hinweis

Alle Angaben in diesem Buch wurden vom Autor mit größter Sorgfalt
erarbeitet bzw. zusammengestellt und unter Einschaltung wirksamer
Kontrollmaßnahmen reproduziert. Trotzdem sind Fehler nicht ganz
auszuschließen. Der Verlag und der Autor sehen sich deshalb gezwungen,
darauf hinzuweisen, daß sie weder eine Garantie noch die juristische
Verantwortung oder irgendeine Haftung für Folgen, die auf fehlerhafte
Angaben zurückgehen, übernehmen können. Für die Mitteilung etwaiger
Fehler sind Verlag und Autor jederzeit dankbar.
Internet-Adressen oder Versionsnummern stellen den bei Redaktionsschluss
verfügbaren Informationsstand dar. Verlag und Autor übernehmen keinerlei
Verantwortung oder Haftung für Veränderungen, die sich aus nicht von ihnen
zu vertretenden Umständen ergeben.
Evtl. beigefügte oder zum Download angebotene Dateien und Informationen
dienen ausschließlich der nichtgewerblichen Nutzung. Eine gewerbliche
Nutzung ist nur mit Zustimmung des Lizenzinhabers möglich.

Herausgeber: Natascha Nicol / Ralf Albrecht

Satz: Nicol/Albrecht, Frankfurt
Druck: Offsetdruck Heinzelmann, München
Printed in Germany

ISBN 3-7723-7609-6

Vorwort

Möchten Sie gerne schnell und ohne Frust lernen, wie Sie mit Photoshop 7.0 Ihre Bilder bearbeiten können? Dann ist dieses Buch genau das richtige für Sie. Sie werden hier Schritt für Schritt mit vielen anschaulichen Beispielen an das Arbeiten mit Photoshop 7.0 herangeführt.

Wie in allen **echt-einfach**-Büchern gibt es eine Comicfigur als Führer, die Ihnen über die ersten Klippen beim Umgang mit dem Programm hilft. Sie steht Ihnen mit Tipps und Tricks zur Seite und ermöglicht so einen problemlosen Einstieg.

Auch wenn sich die Bücher der **echt-einfach**-Reihe an Anfängerinnen und Anfänger richten, werden Funktionen und Möglichkeiten der Programme kompetent erklärt. Dabei konzentrieren sich die Autorinnen und Autoren auf das, was Sie wirklich brauchen. Überflüssiger Ballast wird weggelassen.

Ohne PC-Chinesisch oder Technogeschwafel, dafür aber leicht verständlich, ermöglichen Ihnen die **echt-einfach**-Bücher sehr schnell den sicheren Umgang mit den Programmen.

Inhaltsverzeichnis

1	**Willkommen in der Welt der Pixel**	**10**
1.1	Eine kurze Übersicht über die Kapitel	11
1.2	Die CD zum Buch	13
1.3	So finden Sie sich zurecht	13

2	**Bevor wir richtig loslegen ...**	**16**
2.1	Photoshop starten	16
2.2	Die Photoshop 7.0-Oberfläche	16

3	**Was Sie wissen müssen**	**32**
3.1	Pixelbilder und Vektorgrafiken	33
3.2	Scanner, Digitalkamera und Internet	34
3.3	Bildauflösung, Bildgröße	37
3.4	Dateiformat	46
3.5	Farbmodus	50

4	**Photo im 50er-Jahre-Look**	**52**
4.1	Arbeitsfläche vergrößern	52
4.2	Auswahl und Ebene	54
4.3	Hintergrund gestalten	56
4.4	Rahmen produzieren	59
4.5	Chamois und ...	65
4.6	Feinschliff	70
4.7	Bild speichern	75

5   Bilder korrigieren   78

5.1   Histogramm   79
5.2   Tonwertkorrektur   80
5.3   Farbton ändern mit Tonwertkorrektur   83
5.4   Helligkeit und Kontrast   84
5.5   Farbe ersetzen   85
5.6   Farbbalance   87
5.7   Unscharf maskieren   88

6   Drei in eins   90

6.1   Bildauswahl treffen   90
6.2   Photo einsetzen   91
6.3   Überblendung mit Ebenenmaske   92
6.4   Mit dem Radiergummi geht es auch   96
6.5   Auf Hintergrundebene reduzieren   104

7   Ganz ohne Schere   106

7.1   ... nur per Mausklick   107
7.2   ... immer am Rand entlang   110
7.3   Extrahieren – was?   114

8   Das Wort im Bild   122

8.1   Wir brauchen ein Bild   122
8.2   Text schreiben   123
8.3   Text in Form bringen   125
8.4   Text mit Effekt   127

9   Die Kosmetikerin muss ran   134

9.1   Haben wir ein geeignetes Bild?   134
9.2   Die Runderneuerung beginnt   136
9.3   Falten weg   136
9.4   Auch die Pickel müssen verschwinden   140
9.5   Glanzstellen beseitigen   142
9.6   Noch schnell zum Zahnarzt   144

10 Welches Dateiformat fürs WWW?   **148**

10.1 Was ist im Angebot?   149
10.2 Photo als *.JPG speichern   149
10.3 Grafik als *.GIF mit Transparenz speichern   156

11 Einladungskarte handgemacht   **160**

11.1 Neue Datei anlegen   161
11.2 Hintergrund gestalten   162
11.3 Effekt – Schatten nach innen   169
11.4 Bild einfügen   171
11.5 Der Bruder wird grün   176
11.6 Papagei mit Transparenz   177
11.7 Mit Formen zeichnen   179
11.8 Das Gleiche noch zweimal   183
11.9 Form mit Stil   184
11.10 Stile individuell anpassen   186
11.11 Text hinzufügen   188
11.12 Datei speichern   192

12 Ab in den Drucker   **194**

12.1 Das Bild muss auf den Drucker   194
12.2 Bildauflösung für den Druck einstellen   198
12.2 Schnittmarken verwenden   207

13 Gefiltert   **212**

13.1 Radialer Weichzeichner pur   212
13.2 Radialer Weichzeichner und ...   214
13.3 Zwei Filter auf einem Bild   217
13.4 Zeichnen „Spezial"   221
13.5 Effekt mit Füllmethode   228

14 Dateibrowser 232

14.1 Dateibrowser öffnen 232
14.2 Ordner suchen 234
14.3 Bild auswählen 236
14.4 Bild aus dem Dateibrowser heraus öffnen 236
14.5 Bilder drehen, löschen, umbenennen und sortieren 237
14.6 Ansicht der Thumbnails ändern 238

15 Abschneiden oder ausschneiden? 242

15.1 Das Problem 242
15.2 Die Lösung 245
15.3 Bildausschnitt festlegen 247
15.4 Die Pixelmaße bei unterschiedlicher Auflösung 250

Index 252

1 Willkommen in der Welt der Pixel

Herzlich willkommen bei *Photoshop 7*, der professionellen Bildbearbeitungssoftware von *Adobe* in der neuesten Version. Ja wirklich, die meisten Profis arbeiten mit derselben Software wie Sie – oder hätte das anders herum besser geklungen?

Na, ist ja egal, auf jeden Fall laufen die meisten Bilder durch *Photoshop*, bevor Sie diese in den Printmedien und auf den Webseiten im Internet zu Gesicht bekommen. Ihre Schlussfolgerung: „Da kann ich das auch alles mit *Photoshop* machen" ist nicht ganz falsch, doch beantworten Sie diese Frage mit einer weiteren. Macht eine *Hasselblad* in Ihren Händen Sie zu einem *Helmut Newton*? So ein klein wenig Übung ist dann wohl in beiden Fällen angesagt.

Oh Entschuldigung, ich hätte mich vielleicht erst mal vorstellen sollen. Mein Name ist Hugo Pixel, meine Welt sind der PC mit Bildbearbeitungssoftware und ich begleite Sie durch dieses Buch.

Sie wollen wissen, was ich sonst so mache? Das fragt mich meine Frau Frieda ständig. Eigentlich ist Ihre Frage ja ganz schön indiskret, aber wir sind ohnehin auf den nächsten 240 Seiten permanent zusammen, da will ich Ihnen auch eine Antwort geben. Im Moment schreibe ich die Einleitung für dieses Buch (ach, das haben Sie gar nicht gemeint), außerdem entwerfe ich Firmenlogos. Was, Sie möchten die auch noch begutachten? Na gut, hier unter *www.logo-logo.de* können Sie sich überzeugen. Ferner betreibe ich eine weitere Webseite und beschäftige mich dort mit den beiden Konkurrenzprodukten von *Adobe*. Ich weiß gar nicht, ob ich die hier erwähnen darf, aber ach, was soll's. Ich schreibe noch Workshops für *Corel Draw* und *Corel Photo Paint*, Falls Sie das auch interessiert: Der Weg dorthin führt über *www.corel-lernen.de* – vielleicht besuchen Sie mich mal. Wenn dann noch Zeit übrig ist, arbeite ich als freier IT-Trainer.

Nun wissen Sie ja schon eine ganze Menge von mir und können mich als Ihren Begleiter akzeptieren. Was machen Sie eigentlich so?

In dem vorliegenden Buch werde ich voran gehen und gemeinsam mit Ihnen die vielfältigen Funktionen von *Photoshop 7* erkunden. Dabei bleibt es nicht nur bei der Theorie, wir arbeiten immer mit richtigen Praxisbeispielen. Sie erstellen auch als eventueller Anfänger gemeinsam mit mir kleine „Kunstwerke" ohne jegliche Vorkenntnisse. Damit haben Sie sofort ein Erfolgserlebnis und können Ihre Bekannten und Verwandten von Ihren Fortschritten beim Lernen überzeugen. Unsere gemeinsamen Ergebnisse sind auf jeden Fall vorzeigbar, vielleicht auch mehr als nur das.

Wenn Sie in ein paar Tagen zusammen mit mir am Ende des Buches angekommen sind, kennen Sie die wichtigsten Funktionen von *Photoshop 7* und wissen, wie man damit umgeht. Vor allen Dingen werden wir uns den Themen widmen, die Ihnen später bei Ihren eigenen Arbeiten nützen, versprochen!

1.1 Eine kurze Übersicht über die Kapitel

In Kapitel 2 erfolgt zuerst ein Spaziergang über die Programmoberfläche von *Photoshop 7*. Danach sind uns Begriffe wie WERKZEUG-Palette, EBENEN-Palette und Optionsleiste nicht mehr fremd. Schon jetzt üben wir ein bisschen.

„Theorie praktisch erklärt" ist das Motto in Kapitel 3. Hier erfolgt die Information über Grundwissen der Photobearbeitung, ohne die es einfach nicht geht. Bei Bedarf können Sie hier immer mal nachschlagen.

In Kapitel 4 legen wir richtig mit einem Praxisbeispiel los. Am Ende haben wir ein Bild im Look der 50er Jahre mit so einem schönen, gezackten Rand und diesem herrlichen Braunton. So was gelingt Ihnen jetzt schon.

Photos sind manchmal zu hell, zu dunkel, nicht im richtigen Farbton oder unscharf ausgefallen. Wie Sie diesen Problemen zu Leibe rücken, erfahren Sie in Kapitel 5. Alle gängigen Funktionen für die Bildkorrektur werden hier eingesetzt.

Auf zum nächsten Praxisbeispiel in Kapitel 6. Sechs Photos und zwei Bildmontagen als Ergebnis. Hier erfahren Sie etwas über zwei unterschiedliche Wege mit überzeugenden Resultaten. Eben Bildmontage „echt einfach".

In Kapitel 7 finden Sie wahrscheinlich Ihr Lieblingsthema. Jeder Anwender einer Bildbearbeitungssoftware möchte gerne Köpfe, ganze Personen oder andere Objekte aus einem Bild ausschneiden. Welche Werkzeuge und Techniken dafür am besten geeignet sind, lesen Sie hier.

In einem weiteren Praxisbeispiel in Kapitel 8 schreiben Sie Text auf ein Photo. Der Text wird verformt und die Wirkung wird mit einem Schatten verstärkt.

In Kapitel 9 werden wir als Kosmetikerin aktiv. Falten, Pickel und andere Hautunreinheiten sind diesmal unser Ziel. Mit den geeigneten Werkzeugen von *Photoshop* verschwinden diese wie von Zauberhand. Richtige Zauberei ist es natürlich nicht, sondern richtige Arbeit mit der „echt einfach"-Methode.

Welches ist das richtige Dateiformat für die Veröffentlichung im Internet? Diese Frage behandeln wir ausführlich in Kapitel 10. Das Internet wartet auf Ihre Bilder.

Das Kapitel 11 ist das umfangreichste in diesem Buch. Hier basteln wir eine tolle Einladungskarte, angefangen bei einer leeren Datei, und wir hören erst auf, wenn das Ergebnis perfekt ausfällt. Dabei sind eine ganze Reihe unterschiedlicher Funktionen im Einsatz, auch vor echten Problemlösungen fürchten wir uns nicht.

Was Sie beim Drucken auf dem heimischen Tintenstrahldrucker so alles berücksichtigen sollten, lesen Sie in Kapitel 12. Wir beschäftigen uns noch einmal mit komplexen Themen wie Bildneuberechnung und Bildauflösung.

In Kapitel 13 kommen die Filter und die Füllmethoden zum Einsatz. Zusätzlich verrate ich Ihnen in einem Workshop, wie Sie Ihre Photos als Zeichnung darstellen.

Eine der auffälligsten Neuerungen in *Photoshop 7* ist der Dateibrowser. Ihn nehmen wir in *Kapitel 14* genau unter die Lupe.

In Kapitel 15 wählen wir dann einen Bildausschnitt, der die gängige Photogröße von 10,0 cm x 15,0 cm aufweisen soll.

1.2   Die CD zum Buch

Auf der CD-ROM, die diesem Buch beiliegt, finden Sie alle Bilder, mit denen wir gemeinsam arbeiten. Dies ermöglicht Ihnen identische Ergebnisse mit den im Buch beschriebenen. Außerdem sind im gleichen Ordner immer ein oder mehrere Arbeitsschritte zu dem jeweiligen Kapitel im *.psd*-Format gespeichert. Somit können Sie Ihre Resultate mit meinen recht einfach vergleichen.

Sie kommen auf zwei verschiedenen Wegen an die Bilder: Wenn Sie die CD einlegen, erscheint automatisch eine Oberfläche, auf der Sie zunächst das Kapitels wählen, mit dem Sie gerade arbeiten. Durch Doppelklick auf das Bild laden Sie es auf Ihren Bildschirm.

Alternativ können Sie die Bilder von der CD wie in den meisten Programmen mit DATEI • ÖFFNEN aus dem jeweiligen Unterverzeichnis im Ordner *Bildmaterial* laden.

1.3   So finden Sie sich zurecht

Damit es für Sie wirklich „echt einfach" ist, mit dem Buch zu lernen und mit *Photoshop 7* erfolgreich zu arbeiten, folgt eine kleine Anleitung für den problemlosen Umgang mit diesem Buch.

Namen und Bezeichnungen von Programmen oder den Ebenen in der EBENEN-Palette werden *kursiv* im Text geschrieben. Auch die Dateien und Bilder, die Sie von der CD laden sollen, erscheinen in *kursiv*.

Alle Menübefehle und Einstellungen in den Dialogfenstern sind in dieser SCHRIFT formatiert.

Wann immer Sie ein Häkchen vor dem Text finden, werden Sie aktiv, hier ist Ihre Mitarbeit gefordert. So gelangen Sie garantiert

☑ Schritt für

☑ Schritt zum Ziel.

Hinweis oder Tipp

Sehen Sie am Rand Hugo Pixel fröhlich mit Bildpunkten jonglieren, sollten Sie dem Text Ihre besondere Aufmerksamkeit schenken. Ergänzend erhalten Sie hier weitere Hinweise oder Tipps, die Ihnen das Arbeiten mit *Photoshop 7* wesentlich erleichtern.

Warnung

Wird Hugo Pixel dagegen von seinen Bildpunkten förmlich erschlagen, passiert auch nichts Schlimmes. Es besteht nur die Gefahr, dass Sie vielleicht an eine Stelle klicken, an der Sie es genau nicht tun sollten. In solchen Situationen empfehle ich Ihnen, noch einmal genau hinzuschauen.

Genug der vielen Worte, stürzen Sie sich mit Begeisterung auf *Photoshop 7*.

Ich wünsche Ihnen dabei nicht nur viel Spaß, sondern drücke Ihnen dabei beide Daumen für ein erfolgreiches Arbeiten.

Ihr Hugo Pixel

2 Bevor wir richtig loslegen ...

Zuerst verschaffen wir uns gemeinsam einen Überblick über die Programmoberfläche. Dabei nehmen wir Dinge wie die WERKZEUG-Palette und die anderen Paletten etwas genauer unter die Lupe. Vielleicht entdecken wir noch weitere Elemente, die uns das Arbeiten mit *Photoshop 7* erleichtern.

2.1   Photoshop starten

Eigentlich ist es eine Selbstverständlichkeit, aber um ganz sicher zu gehen: *Photoshop 7* muss auf Ihrem Rechner installiert sein. Nach der Installation finden Sie im *Windows*-Menü PROGRAMME den Eintrag ADOBE PHOTOSHOP 7.0.

☑ Klicken Sie auf die Schaltfläche START und wählen Sie ALLE PROGRAMME. Suchen Sie hier den Eintrag ADOBE PHOTOSHOP 7.0; mit einem weiteren Mausklick starten Sie das Programm.

Je nach Rechnerleistung brauchen Sie etwas mehr oder weniger Geduld und dann ist es endlich soweit, Sie erblicken zum ersten Mal das *Photoshop*-Anwendungsfenster.

2.2   Die Photoshop 7.0-Oberfläche

Mag sein, dass Ihnen beim Anblick einfach Worte wie enorm, beeindruckend, phantastisch in den Sinn kommen oder schlicht und einfach auweia! Doch jegliche Bedenken sind vollkommen überflüssig, denn erstens brauchen Sie nicht permanent alle Elemente und zweitens konzentrieren wir uns nur auf das, was wir wirklich zum Bearbeiten unserer Beispiele benötigen.

Bevor wir nun mit der Betrachtung der Programmoberfläche beginnen, gibt es bereits etwas für Sie zu tun. Wie in der Einleitung beschrieben, haben Sie zwei Möglichkeiten:

☐ Legen Sie die CD zum Buch ein, klicken Sie im nun erscheinenden Bildschirm auf KAPITEL 02. Wählen Sie anschließend die Datei *Beispiel01*.psd durch Doppelklick aus.
☐ Oder Sie führen DATEI ◆ ÖFFNEN aus, suchen auf der CD die Datei *Beispiel01.psd* im Verzeichnis *Bildmaterial\Kapitel 02* und klicken auf die Schaltfläche ÖFFNEN.

So ganz nebenbei wissen Sie nun schon, wie man in *Photoshop* ein Bild öffnet. Man bezeichnet diesen Vorgang auch als „ein neues Bild laden". Mit diesem Bild wird es für uns einfacher, bestimmte Eigenschaften des Programms besser zu erkennen als mit einer leeren Arbeitsfläche.

Bild 2.1:
Die *Photoshop*-Oberfläche mit einem geöffneten Bild

Nun wäre es ja durchaus denkbar, dass Sie schon mit *Photoshop 7.0* erste eigene Gehversuche hinter sich haben und dabei bereits einige Einstellungen in der Ansicht verändert haben. Damit auch bei Ihnen alles so aussieht wie auf meinem Bildschirm, gibt es einen einfachen Menübefehl, der eine Standardeinstellung wiederherstellt.

☑ Über FENSTER ◆ ARBEITSBEREICH ◆ PALETTENPOSITIONEN ZURÜCKSETZEN erreichen Sie wieder die Ansicht, die nach der Installation als Standard definiert ist.

Danach müssten Sie einen identischen Bildschirm vor sich haben, wie im Bild 2.1 gezeigt und wir können uns die einzelnen Bereiche vornehmen.

2.2.1 Titelleiste und Menüleiste

Irgendwie ist es doch schön, hier erkennen wir etwas Vertrautes, denn wie jedes *Windows*-Programm hat auch *Photoshop* eine Titelleiste und eine Menüleiste.

In der Titelleiste sehen wir den Programmnamen und haben drei Schaltflächen.

Bild 2.2:
Die drei Schaltflächen
in der Titelleiste

Mit der linken Schaltfläche MINIMIEREN wird das Programm auf der Taskleiste von *Windows* als Symbol abgelegt. Mit einem Mausklick auf dieses Symbol wird das Programmfenster wieder in der ursprünglichen Größe dargestellt.

Die mittlere Schaltfläche ist flexibel; sieht sie aus wie in Bild 2.2, dann trägt sie die Bezeichnung VERKLEINERN. Wenn Sie jetzt einmal darauf klicken, verkleinern Sie damit das Fenster. Im Gegensatz zu den meisten *Windows*-Programmen wird hier nicht das Fenster mit seinem gesamten Inhalt reduziert. Die Paletten bleiben in der ursprünglichen Größe erhalten und sind nun außerhalb des Fensters platziert. Jetzt kann man an den Rändern und den Ecken des Fensters mit gedrückter Maustaste das Fenster dehnen und stauchen. Möchten Sie das Fenster einer ganz bestimmten Größe anpassen, ist das der richtige Weg.

Zwischenzeitlich hat sich das Aussehen der mittleren Schaltfläche geändert, sie trägt jetzt den Namen MAXIMIEREN. Ein weiterer Mausklick auf diese Schaltfläche und unser Fenster macht sich wieder auf dem ganzen Bildschirm breit.

Ganz rechts ist dann die Schaltfläche SCHLIESSEN zu finden, mittels Mausklick beenden Sie damit das Programm. Haben Sie zu diesem Zeitpunkt noch ein Bild geöffnet, dann fragt Sie *Photoshop* freundlich in einem neuen Dialogfenster, ob Sie Ihre Arbeit vorher noch speichern möchten. Es ist also sichergestellt, dass Sie nicht aus Versehen ein Bild ohne Speichern schließen.

Werfen Sie noch einmal einen Blick direkt auf das geöffnete Bild, auch dieses hat eine Titelleiste mit den gleichen Schaltflächen. Sie funktionieren genauso wie bei dem Programmfenster.

Direkt unter der Titelleiste ist das zweite vertraute Element, die Menüleiste, bekannt aus jedem *Windows*-Programm.

| Datei | Bearbeiten | Bild | Ebene | Auswahl | Filter | Ansicht | Fenster | Hilfe |

Bild 2.3:
Die Menüleiste

Alle wichtigen Funktionen des Programms finden Sie in den neun Menüs. Klicken Sie nun auf eines dieser Menüs, erhalten Sie Zugang zu den jeweiligen Befehlen. Ich habe für Sie mal als Beispiel das Menü BILD ausgesucht.

Bild 2.4:
Alle Befehle
im Menü BILD

Schauen Sie einmal genau hin, dann werden Sie wichtige Unterschiede erkennen.

☐ Menüpunkte mit kleinen Dreiecken: Wenn Sie auf eines dieser Dreiecke klicken, erhalten Sie weitere Menüpunkte zur Auswahl.

☐ Menüpunkte mit drei Auslassungspunkten: Hier öffnet sich ein Dialogfenster, in dem Sie Einstellungen vornehmen müssen. Diese haben eine direkte Auswirkung auf das geöffnete Bild.

☐ Menüpunkte, die grau dargestellt werden: Hier denkt *Photoshop* für Sie mit, denn bei dem gerade geöffneten Bild würden diese Befehle keinen Sinn machen. Also werden sie gar nicht erst angeboten. Das schützt Sie automatisch vor bestimmten Fehlern.

☐ Menüpunkte, die nur aus dem Befehl bestehen: Die gewünschte Aufgabe wird direkt ausgeführt.

2.2.2   Optionsleiste

Direkt unter der Menüleiste erkennen Sie eine weitere Leiste, die Optionsleiste. Doch halt, wo ist denn die Symbolleiste, die mit den vielen Schaltflächen, wie sie Ihnen von *MS Word* oder einem anderen *Office*-Programm bekannt ist? Die gibt es nicht und ich bin ziemlich sicher, beim Arbeiten mit *Photoshop* werden Sie diese auch nicht vermissen.

Zurück zu unserer Optionsleiste, hier sind Optionen für das gewählte Werkzeug zu finden. Immer wenn Sie ein Werkzeug aktivieren, ändert die Optionsleiste ihren Inhalt.

 ☑ Damit wir mit den gleichen Voraussetzungen arbeiten, klicken Sie in der WERKZEUG-Palette auf das VERSCHIEBEN-WERKZEUG, danach müsste Ihre Optionsleiste genauso aussehen wie im Bild 2.5.

Bild 2.5:
Der Inhalt der Options-
leiste bei aktivem
VERSCHIEBEN-WERKZEUG

Stellen Sie sicher, dass beide Kontrollkästchen für EBENE AUTOMATISCH WÄHLEN und BEGRENZUNGSRAHMEN EINBLENDEN mit einem Häkchen versehen sind. Andernfalls klicken Sie auf die beiden Kästchen.

Nun wollen wir einmal anhand der Einstellung BEGRENZUNGSRAHMEN EINBLENDEN die Auswirkung kontrollieren.

☑ Im geöffneten Bild klicken Sie einmal auf das Wort „echt einfach". Sie erkennen, dass es mit einem Begrenzungsrahmen angezeigt wird.

Bild 2.6:
Der Text wird mit einem Begrenzungsrahmen angezeigt

Auf einen Blick sehen Sie, welches Objekt gerade von Ihnen angeklickt wurde. Was man mit dem Begrenzungsrahmen noch so anstellen kann, erfahren Sie später in einem Praxisbeispiel.

Wenn Sie nun in der Optionsleiste den Eintrag wieder deaktivieren, dann wird es für Sie unmöglich, das jeweils ausgewählte Objekt zu erkennen. Probieren Sie es bitte aus, um den Unterschied selbst festzustellen.

Wichtige Einstellung

Achten Sie darauf, dass bei aktivem VERSCHIEBEN-WERKZEUG in der Optionsleiste die beiden Eintragungen für EBENE AUTOMATISCH WÄHLEN und BEGRENZUNGSRAHMEN ANZEIGEN immer mit einem Häkchen aktiviert sind. Das schützt Sie vor unerwarteten Problemen beim Arbeiten mit *Photoshop*.

Ganz rechts in der Optionsleiste finden Sie zwei weitere Schaltflächen, es sind die WERKZEUGSPITZEN und der DATEIBROWSER. Diese beiden Elemente sind neu in *Photoshop 7.0*, auch damit beschäftigen wir uns zu einem späteren Zeitpunkt noch recht ausführlich.

2.2.3   Werkzeug-Palette

Am linken Rand der Oberfläche befindet sich standardmäßig die WERKZEUG-Palette. Diese ist mit gedrückter Maustaste frei verschiebbar, so können Sie ein neues Plätzchen auf der Oberfläche aussuchen. Für unsere weiteren Arbeiten belasse ich sie aber an ihrem ursprünglichen Platz.

Neu in der Version 7 erstrahlen die Schaltflächen für die Werkzeuge im 3D-Look. Es kommt noch besser: Wenn Sie mit der Maus darüber fahren, werden die Schaltflächen in Farbe dargestellt, eine nette Spielerei ohne eine direkte Auswirkung beim Arbeiten.

Ähnlich wie bei den Menüs gibt es bei den Werkzeugen zwei unterschiedliche Arten.

☐ Werkzeuge mit einem kleinen Dreieck: Dahinter verbergen sich weitere Werkzeuge, die man auswählen kann.

☐ Werkzeuge ohne das Dreieck: Diese aktivieren Sie mit einem Mausklick und anschließend können Sie sofort damit arbeiten.

Quick Info

Wenn Sie im Umgang mit *Photoshop 7.0* noch nicht so versiert sind, dann fällt es Ihnen vielleicht zu Beginn nicht so leicht, sich alle Werkzeuge und deren Bezeichnungen zu merken. Da gibt es eine einfache Hilfe, die auch für alle anderen Schaltflächen gilt. Fahren Sie mit dem Mauszeiger über eine Schaltfläche und warten Sie etwa zwei Sekunden, bis Ihnen auf einem kleinen gelben Zettel die Bezeichnung angezeigt wird. Dieses bezeichnet man auch als *Quick Info*.

In der *Quick Info* wird in den meisten Fällen neben dem Namen noch ein Buchstabe in Klammern aufgeführt. Mit diesem Buchstaben können Sie das Werkzeug anstelle eines Mausklicks auch mittels Taste aktivieren. Im konkreten Fall wird das Werkzeug AUSWAHLRECHTECK alternativ mit der Taste Ⓜ aktiviert.

An dieser Stelle könnte nun eine Auflistung aller Werkzeuge mit ihren Einsatzmöglichkeiten erfolgen. Ich halte es für besser, wir beschäftigen uns damit, wenn es die praktische Arbeit erfordert.

Voraussetzung für die folgende praktische Übung ist, dass Sie, wie ganz am Anfang des Kapitels beschrieben, das Bild *Beispiel 01.psd* von der CD geladen haben. Ein Blick auf die Titelleiste des Bildes zeigt Ihnen, dass es mit einer 100%igen Ansicht dargestellt wird.

Die Ansicht ändern

☑ Aktivieren Sie per Mausklick in der WERKZEUG-Palette das ZOOM-WERKZEUG und klicken mit dem veränderten Mauszeiger direkt in das Bild.

Was ist passiert? Die Ansicht wurde auf 200% erhöht und am Rand des Dokuments sind plötzlich Bildlaufleisten aufgetaucht, mit denen Sie den Bildinhalt verschieben können.

Mit der Hand geht es auch, alternativ finden Sie links neben dem ZOOM-WERKZEUG das HAND-WERKZEUG. Auch hier erhalten Sie einen veränderten Mauszeiger. Er wird als weiße Hand dargestellt und mit gedrückter Maustaste lässt sich der Bildinhalt ebenfalls verschieben.

Mit welchem Werkzeug Sie lieber arbeiten, müssen Sie nun selbst herausfinden. Wenn Sie mit dem ZOOM-WERKZEUG weitere Mausklicks ausführen, wird die Ansicht stufenweise erhöht. Bei einer Ansicht von 1600% ist das Ende der Fahnenstange erreicht. Bei dieser Einstellung erkennen Sie dann nur noch kleine Kästchen, die man als Pixel bezeichnet.

Jetzt wollen Sie sicherlich auch noch erfahren, wie die Ansicht wieder verringert wird. Möchten Sie das auch stufenweise realisieren, dann ist der einfachste Weg wie folgt: Das ZOOM-WERKZEUG ist wieder aktiviert und mit gedrückter ⌥alt-Taste erhalten Sie wieder einen veränderten Mauszeiger. Diesmal ist das Lupensymbol mit einem Minuszeichen gekennzeichnet, damit klicken Sie dann wiederholt direkt in das Bild, bis Sie die Ansicht von 100% erreicht haben oder halten bei einer Zwischenstufe an.

2.2.4   Paletten

Am rechten Rand sind vier Paletten angeordnet. Von oben nach unten sind es die NAVIGATOR-Palette, FARBREGLER-Palette, PROTOKOLL-Palette und die EBENEN-Palette.

Wofür brauchen wir die Paletten? Nicht alle Funktionen, die für die Bildbearbeitung notwendig sind, lassen sich mit den WERKZEUGEN ausführen. Dafür kommen dann die Paletten ins Spiel.

Alle Paletten sind auf der Oberfläche frei verschiebbar, dazu klicken Sie auf die Titelleiste und ziehen sie an die gewünschte Position. Ebenfalls auf der Titelleiste entdecken Sie wieder zwei Schaltflächen für MINIMIEREN und SCHLIESSEN der Palette.

Bild 2.10:
Mehrere Paletten sind
in einem Palettenfens-
ter zusammengefasst

Zur besseren Übersicht sind in einem Palettenfenster mehrere
Paletten zusammengefasst. In dem Bild 2.10 erkennen Sie die
Paletten FARBREGLER, FARBFELDER und STILE. Für den Wechsel auf
eine andere Palette klicken Sie auf das jeweilige Register.

☑ Probieren Sie das mal aus, indem Sie in der FARBREGLER-Palette
auf das Register FARBFELDER klicken.

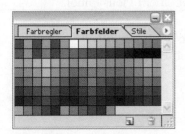

Bild 2.11:
Jetzt ist im Paletten-
fenster die FARBFELDER-
Palette aktiv

Ist doch recht einfach und praktisch gelöst, wie Sie an die verschiedenen Paletten in den Palettenfenstern gelangen. Wie ist das
nun, wenn Sie eine Palette geschlossen haben und sie soll zu einem späteren Zeitpunkt wieder auf der Oberfläche erscheinen?
Für unser Beispiel FARBFELDER-Palette lautet dann der Menübefehl
FENSTER ◆ FARBE. Die wird Palette an der gleichen Stelle auf der
Oberfläche wieder dargestellt, an der sie zuvor von Ihnen
geschlossen wurde.

Ordnung bei den Paletten

Sie haben Paletten verändert, einige geschlossen, andere verschoben und irgendwann haben Sie nicht mehr den richtigen Überblick. Sie sehnen sich zurück nach dem ursprünglichen Zustand, direkt nach der Installation. Immer dann führen Sie FENSTER ◆ ARBEITSBEREICH ◆ PALETTENPOSITION ZURÜCKSETZEN aus und alles ist wieder in schönster Ordnung.

Palettenoptionen

Vielleicht haben Sie es ja schon selbst entdeckt: Auf der rechten Seite gibt es noch eine Schaltfläche mit einem Pfeilsymbol.

☑ Klicken Sie einmal in der Palette FARBREGLER auf die Schaltfläche mit dem Pfeilsymbol auf der rechten Seite.

Bild 2.12:
Mit den Palettenoptionen gelangen Sie an weitere Funktionen

```
An Palettenraum andocken

Graustufen
✔ RGB-Farbregler
HSB-Farbregler
CMYK-Farbregler
Lab-Farbregler
Webfarbenregler

Farbe als HTML kopieren

RGB-Spektrum
✔ CMYK-Spektrum
Graustufen
Aktuelle Farben

Balken websicher machen
```

Die meisten Paletten verfügen über diese zusätzlichen Optionen, diese werden als PALETTEN-OPTIONEN bezeichnet. Dadurch erweitern sich die Funktionen einer Palette erheblich. Die angebotenen Menüs stehen immer in direktem Zusammenhang mit den jeweiligen Paletten. Im Laufe der nächsten Kapitel machen wir davon regen Gebrauch und Sie können die Zusammenhänge sehr leicht nachvollziehen.

2.2.5 Ebenen-Palette

Ganz unten befindet sich die EBENEN-Palette, auf den ersten Blick unterscheidet sie sich nicht von den anderen Paletten. Alle vorher beschriebenen Merkmale und Funktionen sind hier auch vorhanden. Trotzdem hat sie irgendwie eine Sonderstellung, ohne die EBENEN-Palette geht bei der Bildbearbeitung in *Photoshop* gar nichts. Diese Palette brauchen Sie bei fast allen Arbeiten an einem Bild. Grund genug für uns, die EBENEN-Palette etwas genauer in Augenschein zu nehmen.

Bild 2.13:
Die EBENEN-Palette ist Ihr ständiger Begleiter bei der Bildbearbeitung

Am unteren Rand des Palettenfensters erkennen Sie sechs Schaltflächen; von links nach rechts sind es: EBENENEFFEKT HINZUFÜGEN, EBENENMASKE HINZUFÜGEN, NEUES SET ERSTELLEN, NEUE FÜLLEBENE ODER EINSTELLUNGSEBENE ERSTELLEN, NEUE EBENE ERSTELLEN und EBENE LÖSCHEN. Hier gleich noch der Hinweis, dass zwei von den Schaltflächen mit einem winzigen Dreieck ausgestattet sind. Sie müssen in diesem Fall aber nicht mit dem Mauszeiger so lange probieren, bis Sie das Dreieck erwischt haben. Es reicht aus, wenn Sie direkt auf die entsprechende Schaltfläche klicken, dann werden Ihnen weitere ergänzende Menüs zur Auswahl angeboten.

Sollten Sie sich im Moment wirklich zum ersten Mal mit der EBENEN-Palette beschäftigen, dann taucht bei Ihnen sicherlich die Frage auf: „Werde ich damit jemals klarkommen?". Vertrauen Sie mir, wir nutzen diese Funktionen für unsere späteren Praxisbeispiele, dann gestaltet sich der Umgang damit recht einfach.

Arbeiten mit der Ebenen-Palette

 Ich finde, es ist der richtige Zeitpunkt, um einige kleine Übungen mit der EBENEN-Palette auszuführen. So erhalten Sie einen ersten Eindruck, wie man damit am besten arbeitet. Wichtig: Bei Ihnen muss das Bild *Beispiel 01.psd* von der CD weiterhin geöffnet sein. Stellen Sie außerdem sicher, dass in der WERKZEUG-Palette das VERSCHIEBEN-WERKZEUG mit einem Mausklick aktiviert ist.

☑ Im geöffneten Bild klicken Sie auf den Hintergrund mit der Golden Gate Bridge. (Dieser Befehl war nicht ganz korrekt, aber das erkennen Sie gleich selbst.)

In der EBENEN-Palette ist damit die *Ebene 1* ausgewählt oder „markiert". Sie erkennen es an der farbigen Unterlegung des Namens und zusätzlich erhält das kleine Vorschaubild einen schwarzen Rahmen.

Bild 2.14:
Hier haben Sie die
Ebene 1 ausgewählt

In dem vorangegangenen Arbeitsschritt hatte ich Sie aufgefordert, auf den Hintergrund zu klicken. Das war nicht ganz korrekt, denn wie Sie im Bild 2.14 sehen, befindet sich unter der *Ebene 1* der eigentliche weiße Hintergrund. Ohne EBENEN-Palette wäre das nicht so leicht zu erkennen.

Links vor dem kleinen Vorschaubild sehen Sie ein Kästchen mit einem Pinselsymbol; es zeigt Ihnen an, dass die ausgewählte Ebene auch bearbeitet werden kann. Ganz links außen blickt Ihnen ein Augensymbol entgegen; was es damit auf sich hat, probieren wir wieder aus.

☑ In der EBENEN-Palette klicken Sie einmal auf das Augensymbol bei der markierten *Ebene 1*.

Im Bild selbst ist jetzt nur noch der weiße Hintergrund zu erkennen, die *Ebene 1* ist verschwunden. Aber keine Angst, Sie haben diese Ebene nicht gelöscht, sondern nur vorübergehend ausgeblendet. Ein erneuter Mausklick auf das nun leere Kästchen und der ursprüngliche Zustand ist wieder hergestellt, die Golden Gate Bridge ist wieder sichtbar. Diese Funktion setzt man hauptsächlich dann ein, wenn mehrere Ebenen übereinander liegen und man eine der verdeckten Ebenen bearbeiten möchte.

☑ Für eine weitere Übung klicken Sie im geöffneten Bild auf den Schriftzug *echt einfach.*

Bild 2.15:
Jetzt ist die Textebene
markiert

Nach dem Mausklick in das geöffnete Bild springt die Markierung in der EBENEN-Palette direkt auf die ausgewählte Ebene. Damit das bei Ihnen auch wirklich genauso funktioniert, lesen Sie noch bitte den folgenden Tipp.

Ebenen direkt im Bild auswählen oder markieren

Wenn Sie bei Ihren Arbeiten mit *Photoshop 7.0* die Ebenen direkt im geöffneten Bild markieren möchten, ist die folgende Einstellung Voraussetzung. Bei aktivem VERSCHIEBEN-WERKZEUG muss in der Optionsleiste der Eintrag EBENE AUTOMATISCH WÄHLEN mit einem Häkchen aktiviert sein. Andernfalls ist das einfach nicht machbar.

Umgekehrt funktioniert das natürlich auch, also einfach in der EBENEN-Palette auf eine Ebene klicken und sie ist ausgewählt.

Wenn Sie mal einige Bilder in *Photoshop* bearbeitet haben, dann werden Sie höchstwahrscheinlich die direkte Markierung in der EBENEN-Palette bevorzugen. Ganz gleich, wie Sie sich entscheiden, Sie kennen jetzt beide Wege.

Ebenen einen Namen geben

Stellen Sie sich vor, Sie arbeiten an einem Bild mit einer Vielzahl von Ebenen. *Photoshop* benennt jede neue Ebene automatisch als *Ebene*, es beginnt mit *Ebene 1* und danach wird fortlaufend hochgezählt. Dabei wird es dann schon etwas schwierig, die einzelnen Ebenen noch zu unterscheiden, zumal das Vorschaubild nicht immer ausreichende Informationen liefert. Abhilfe schafft die individuelle Umbenennung einer Ebene. In *Photoshop 7.0* geht das noch viel einfacher als in den vorangegangenen Versionen.

☑ Sie führen einen Doppelklick direkt auf den Namen *Ebene 1* in der EBENEN-Palette aus und geben die neue Bezeichnung ein.

Bild 2.16:
Die *Ebene 1* hat einen
neuen Namen erhalten

Nun kennen wir die wichtigsten Funktionen der EBENEN-Palette, es werden dann später noch eine Menge hinzukommen. Gleich sind wir mit der Oberfläche fertig, aber da gibt es noch einen Bereich, der nützliche Informationen während der Arbeit liefert.

2.2.6　Informationsleiste

Ganz unten auf der Programmoberfläche ist die Informationsleiste angeordnet.

Links in dem weißen Feld wird die aktuelle ZOOMSTUFE angezeigt. Daneben erfahren Sie die Maße des derzeit geöffneten Bildes, *Photoshop 7.0* bezeichnet diese als DOKUMENTMASSE. Etwas weiter rechts gibt es dann wieder ein Dreieck. Sie kennen das ja nun schon, hinter jedem Dreieck verbergen sich weitere Auswahlmöglichkeiten. Möchten Sie etwas anderes als die Maße anzeigen lassen, dann klicken Sie auf das Dreieck und wählen einen Eintrag aus dem Angebot.

Dateigrößen
Dokumentprofil
✓ Dokumentmaße
Arbeitsdatei-Größen
Effizienz
Timing
Aktuelles Werkzeug

Rechts in der Informationsleiste erhalten Sie Tipps darüber, was Sie nun mit dem jeweils gewählten Werkzeug anstellen können. Besonders Anfänger sollten da hin und wieder einmal hinschauen, vielleicht erleichtert das etwas die Arbeit.

Ja, ich weiß nicht, wie es Ihnen so ergeht, ich für meinen Teil habe jetzt alle wichtigen Elemente auf der Arbeitsoberfläche erkundet. Ich glaube, wir sind bereit für ein neues Thema.

3 Was Sie wissen müssen

Sie sollen beim Lesen nicht immer den Satz vor sich hin murmeln „Hilfe, was meint er nur damit?". Deshalb gibt es hier Informationen über Grundlagen der Bildbearbeitung. Damit fällt es Ihnen leichter, Anleitungen zu verstehen und nachzuvollziehen; das ist es doch, was Sie wollen.

Sie erhalten notwendiges Wissen über:
☐ den Unterschied zwischen Pixelbildern und Vektorgrafiken,
☐ wie Sie mit dem Scanner arbeiten,
☐ Ihre Digitalkamera einsetzen,
☐ Bilder aus dem Internet holen,
☐ die richtige Bildauflösung wählen,
☐ die Bildauflösung ändern,
☐ die Bildgröße neu berechnen,
☐ das geeignete Dateiformat erkennen und
☐ das Wichtigste über den Farbmodus.

Kennen Sie auch Mitmenschen, die z. B. ein neues Mobiltelefon kaufen, den Karton aufreißen und wild auf alle verfügbaren Schalter und Knöpfe drücken? Erstaunlicherweise funktioniert es dann auch irgendwie. Mit einer neuen Software wird dann auf die gleiche Weise verfahren. Nur ist da diese Methode in den meisten Fällen doch nicht so erfolgreich.

Besser ist es auf jeden Fall, sich mit Begriffen und Eigenheiten vertraut zu machen, die im Bereich der Bildbearbeitung zum Standard gehören.

Ich werde mir wirklich Mühe geben und alles so kurz wie möglich halten. Wenn Ihnen das trotzdem alles etwas zu trocken sein sollte, schlage ich vor, Sie lesen es wenigstens einmal durch, bei Bedarf kommen Sie hierher zurück und holen sich gezielt die gewünschte Information.

3.1 Pixelbilder und Vektorgrafiken

Wenn Sie mit Bildern arbeiten, dann werden Sie diesen beiden Begriffen immer wieder begegnen.

3.1.1 Pixelbilder

Diese Bilder bestehen aus einer Vielzahl von Bildpunkten, die man als Pixel bezeichnet. In der Umgangssprache werden diese Bilder auch als Bitmaps bezeichnet. Auch die in *Photoshop* bearbeiteten Photos sind solche Pixelbilder. Bei einer Vergrößerung wird der Unterschied zwischen Pixel- und Vektorgrafik besonders deutlich. Nach einer Vergrößerung erkennt man bei den Pixelgrafiken die einzelnen Bildpunkte (Pixel) und es entsteht der so genannte Treppeneffekt.

☑ Möchten Sie sich vom Treppeneffekt überzeugen, dann öffnen Sie noch einmal von der CD das Bild *Beispiel 01* im Ordner *Bildmaterial\Kapitel 02.* Klicken Sie mehrfach mit dem ZOOM-WERKZEUG in das geöffnete Bild, bis Sie die einzelnen Pixel gut erkennen.

Eine Besonderheit gibt es bei *Photoshop* ab Version 6.0, hier können Text und grafische Formen als Vektoren mit gestochen scharfen Kanten erstellt werden.

3.1.2 Vektorgrafiken

Das sind Bilder oder besser Zeichnungen, die in Programmen wie *Adobe Illustrator* oder *Corel Draw* entstehen. Vektorgrafiken bestehen aus Objekten, deren Aufbau mathematisch definiert ist. Ein Vorteil gegenüber Bitmaps ist die absolut verlustfreie Vergrößerung.

Sie können Vektorgrafiken in *Photoshop* in eine geöffnete Datei einfügen, dort kann man sie mit einem Filter oder Werkzeug weiterbearbeiten. Besonders bei künstlerischen Bildern kommen sehr oft beide Formate zum Einsatz.

3.2 Scanner, Digitalkamera und Internet

Ohne Bilder nützt Ihnen auch *Photoshop* nichts, also brauchen Sie Bilder. Irgendwie müssen die auf Ihre Festplatte kommen. Denkbar sind die folgenden Bildquellen.

3.2.1 Scanner

Haben Sie auch einen Scanner? Vor Jahren war das noch etwas Besonderes, heute gehört der Scanner praktisch zur Grundausstattung eines PCs.

Mit jedem Scanner wird Ihnen eine Software ausgeliefert, die nach der Installation den Scanner steuert. Haben Sie diese ordnungsgemäß auf Ihr System überspielt, ist der Rest echt einfach. Grundsätzlich erhalten Sie danach zwei Möglichkeiten.

☐ Sie starten die zum Scanner gehörende Software und bestimmen einen beliebigen Platz auf Ihrer Festplatte als Speicherort. Danach öffnen Sie ein Bildbearbeitungsprogramm und haben zur weiteren Bearbeitung Zugriff auf das Bild.

☐ In *Photoshop* ist das noch viel bequemer, Sie müssen für das Scannen nicht einmal das Programm verlassen. Mit dem Befehl DATEI ◆ IMPORTIEREN finden Sie den Namen Ihres Scanners, ein Mausklick auf diesen Eintrag startet ihn. Das Bild wird direkt in *Photoshop* geöffnet; soll das Photo archiviert werden, müssen Sie es auf jeden Fall noch speichern. Doch so 100%ig stimmt diese Aussage auch nicht, denn es gibt Scanner, die das Bild in *Photoshop* importieren und gleichzeitig eine Datei auf der Festplatte ablegen. Das ist alles eine Frage der Einstellungen in der Software Ihres Scanners.

Je nach Hersteller und Modell sind die Einstellungen, Schaltflächen etc. doch recht unterschiedlich. Deshalb möchte ich hier auf das Handbuch des jeweiligen Herstellers verweisen. Weitere Informationen erhalten Sie unter 3.3.1, „Bildauflösung".

3.2.2 Digitalkamera

Immer beliebter werden digitale Kameras. Es gibt sie zwischenzeitlich für jeden Geldbeutel, angefangen bei den recht einfachen Modellen mit einer eher bescheidenen Qualität bis hin zum Profimodell. Bitte erwarten Sie in einem „Photoshop 7.0 echt einfach"-Buch keine weiterführenden Erklärungen über die Arbeitsweise einer solchen Kamera und deren Qualitätsunterschiede. Suchen Sie aber genau diese Informationen, dann empfehle ich Ihnen den Besuch der Internetseite *www.digitalkamera.de*, hier finden Sie Antworten auf alle Ihre Fragen sowie ausführliche Testergebnisse und Preisvergleiche.

☐ Alle Modelle, ganz gleich von welchem Hersteller, speichern die Bildinformationen auf einem Speichermedium in der Kamera. Wie kommen Sie nun auf Ihre Festplatte? Erst mal brauchen Sie ein Kabel, mit dem Sie die Kamera und den PC verbinden. Je nach Hersteller und Modell geschieht das über die serielle Schnittstelle, die USB-Schnittstelle oder die Fire-Wire-Schnittstelle. Damit das alles klappt, hilft Ihnen auch hier sicherlich das Handbuch des Herstellers weiter.

☐ Wenn Ihre digitale Kamera die Twain-Schnittstelle unterstützt oder die Bilder über die WIA-Unterstützung importiert, dann können Sie die Bilder direkt in *Photoshop* öffnen. Hier lautet der Befehl DATEI ♦ IMPORTIEREN, im Untermenü wird Ihre Kamera aufgelistet. Bei der WIA-Unterstützung heißt der Befehl DATEI ♦ IMPORTIEREN ♦ WIA-UNTERSTÜTZUNG und Sie gelangen an Ihre Bilder in der Kamera. Voraussetzung ist natürlich, dass Ihre Kamera eingeschaltet ist und mit dem PC verbunden wurde.

Im Abschnitt 3.3.1 öffnen wir ein typisches Bild aus einer Digitalkamera und schauen dann gemeinsam, was es da so zu beachten gibt.

3.2.3 Internet

Sie haben keinen Scanner und eine digitale Kamera ist auch nicht in Ihrem Besitz? Nicht verzweifeln, wir finden trotzdem eine Bildquelle. Seit dem Internet gibt es nette Zeitgenossen, die Ihnen jede Menge Photos auf ihren Webseiten zur Verfügung stellen.

Unterscheiden muss man dabei private und professionelle Anbieter wie z. B. die Firma Hewlett-Packard, auf deren Seite *www.hp-webworld.com* Sie nach einigen Mausklicks den Bereich BILDARCHIV finden. Hier gibt es eine große Auswahl an Bildern, die zum Download angeboten werden. Die Vermutung liegt nahe, das Angebot erfolge nicht aus reiner Menschenfreundlichkeit, Sie sollen animiert werden, die Produkte von HP zu kaufen. Ganz gleich, ob Sie den Verlockungen widerstehen oder nicht, Sie haben schon mal kostenlose Bilder auf Ihrer eigenen Festplatte.

Nehmen wir noch ein Beispiel, bei *www.bigfoto.com* werden eine Menge Photos, schön nach Themen sortiert, zum Download angeboten.

Bild 3.1:
Auf der Seite
www.bigfoto.com
erhalten Sie kostenlose
Bilder zum Download

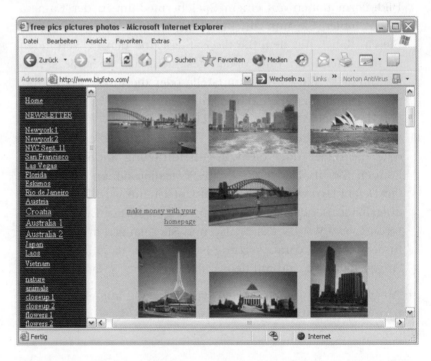

Auch hier stehen finanzielle Interessen dahinter, in diesem Fall sind CDs mit Bildern im Angebot. Das ist übrigens ein Angebot, das Sie prüfen sollten, wenn Sie gerne mit Bildern arbeiten möchten.

- Beachten Sie auf jeden Fall die Hinweise für die Nutzungsrechte. Meistens sind die Bilder uneingeschränkt für die private Nutzung freigegeben.
- Manchmal werden Sie auch aufgefordert, bei einer Veröffentlichung einen entsprechenden Hinweis auf die Bildquelle hinzuzufügen.
- Für einen kommerziellen Einsatz muss eine ausdrückliche Genehmigung vorliegen, sonst riskieren Sie recht hohe Kosten bei einer eventuellen Klage wegen Verletzung des Copyrights.

Dann gibt es noch die unzähligen privaten Webseiten mit Bildern in jeder erdenklichen Art und Weise, teilweise bietet der Inhaber den Download an. Kommen Sie dabei z. B. auf die Seite vom Bilderkünstler XY und sehen dort ein hübsches Photo, es wird aber nicht zum Download aufgefordert, dann hilft in den meisten Fällen die rechte Maustaste und der Befehl BILD SPEICHERN UNTER. Damit wäre das Bild dann auch auf Ihrer Festplatte gelandet.

Ist das nun legal oder illegal? Wenn Sie z. B. das Foto Ihres Lieblingsstars auf die oben beschriebene Weise auf Ihrer Festplatte speichern, anschließend mit *Photoshop* künstlerisch verändern, es dann ausdrucken und an die Wand hängen, dann ist das absolut legal.

Nehmen Sie aber das gleiche Foto und benutzen es für Ihre eigene Webseite, handelt es sich eindeutig um eine illegale Handlung. Damit haben Sie das Copyright des Fotografen oder des Künstlers bereits verletzt.

Bei dieser Schilderung erkennen Sie, wie das ist, wenn Sie selbst Bilder im Internet veröffentlichen wollen. Letztendlich haben Sie keine Ahnung oder Einfluss darauf, was die Besucher Ihrer Seite mit Ihren Photos anstellen.

3.3 Bildauflösung, Bildgröße

An dem Begriff Bildauflösung kommen Sie bei der Bildbearbeitung einfach nicht vorbei. Je nach Einsatzort für das Bild wird eine unterschiedliche Auflösung gewählt. Irgendwie hat die Auflösung auch noch eine Auswirkung auf die Dateigröße und die Bildmaße. Klingt ganz schön kompliziert, oder? Wir versuchen mal gemeinsam, etwas Licht ins Dunkel zu bringen.

3.3.1 Bildauflösung

Beim Scanner werden Sie aufgefordert, im Bereich Auflösung einen Wert für die DPI (Dots per Inch) einzugeben, da haben Sie nun schon die Maßeinheit, mit der die Auflösung bezeichnet wird.

In *Photoshop* suchen Sie den Begriff DPI vergebens, hier stellen Sie die Auflösung mit PIXEL/INCH ein. Es ist eine andere Bezeichnung, aber mit einem identischen Ergebnis.

Müssen Sie die DPI bei jedem Einsatz vielleicht auch noch mit Taschenrechner selbst berechnen? Könnten Sie machen, vielleicht ist es aber doch für Sie einfacher, wenn ich Ihnen eine goldene Regel für die denkbaren Einsatzbereiche aufzeige. Wenn Sie die folgenden Richtlinien beachten, machen Sie alles richtig.

☐ Sie wollen das Bild auf einer Webseite veröffentlichen: Sie wählen eine Auflösung von 72 DPI.

☐ Das Photo wird mit einem Tintenstrahldrucker gedruckt: Hier erzielen Sie mit einer Auflösung von 150 DPI gute Resultate. Aber je nach Druckermodell – hier geht die Entwicklung ja auch weiter – probieren Sie doch einfach eine Auflösung von 300 DPI aus. Vergleichen Sie die beiden Ergebnisse und entscheiden Sie selbst.

☐ Sie möchten ein Bild bei einer Druckerei reproduzieren lassen: Für den Offset-Druck ist eine Auflösung von 300 DPI die richtige Wahl.

Bildauflösung beim Scanner

Beim Scannen eines Bildes werden Sie immer in der Software des Scanners aufgefordert, sich für eine Auflösung zu entscheiden. Entsprechend der Aufstellung dürfte es für Sie nun kein Problem mehr darstellen, je nach Verwendungszweck die geeignete DPI-Zahl einzugeben.

Ein Bild von der CD laden

Haben Sie auch Lust, mal wieder aktiv teilzunehmen? Wir wollen in *Photoshop* ein Bild öffnen. Es wurde mit einer Digitalkamera aufgenommen und für Sie auf der beiliegenden CD gespeichert.

☑ Laden Sie von der CD das Bild *Beispiel02.JPG* aus dem Ordner *Bildmaterial\Kapitel 03* mit einer der im letzten Kapitel beschriebenen Methoden.

Bild 3.2:
Dieses Bild, mit einer Digitalkamera aufgenommen, soll uns helfen, die Auflösung besser zu verstehen

Auf Anhieb ist die Auflösung eines Bildes nicht zu erkennen. Eine Information gibt es sofort, wenn Sie in der INFORMATIONSLEISTE ganz unten auf der Arbeitsfläche auf das kleine Dreieck klicken und den Menüpunkt DOKUMENTMASSE wählen. Da wird uns angezeigt, dass unser Bild die Größe von 654,76 mm x 491,07 mm hat. Also wissen wir jetzt, wir suchen nicht nur eine Funktion für die Auflösung, sondern wir müssen auch die Bildmaße etwas reduzieren, wenn wir es mit einem Tintenstrahler drucken wollen. Vielleicht hängt das doch irgendwie zusammen und die Einstellung der Auflösung reicht aus, mal sehen.

3.3.2 Bildauflösung ändern

Sollten Sie ein Bild von Ihrer Kamera laden, ist es durchaus möglich, dass Sie andere Bildmaße erhalten und das Bild auch ein anderes Dateiformat aufweist. Es würde hier keinen Sinn machen, alle Möglichkeiten aufzulisten.

Wir möchten das geöffnete Photo auf einem Tintenstrahldrucker ausgeben. Entsprechend unserer goldenen Regel ändern wir die Auflösung auf 150 DPI.

☑ Über BILD • BILDGRÖSSE erreichen Sie das Dialogfenster BILDGRÖSSE, hier geben Sie im Feld AUFLÖSUNG einen Wert von 150 ein. Wenn es bei Ihnen nicht angezeigt wird, stellen Sie PIXEL/INCH ein. Wichtig ist: Das Kontrollkästchen für BILD NEU BERECHNEN MIT darf nicht aktiviert werden. Klicken Sie auf OK.

Bild 3.3:
Das Dialogfenster
für die Änderung
der Bildauflösung

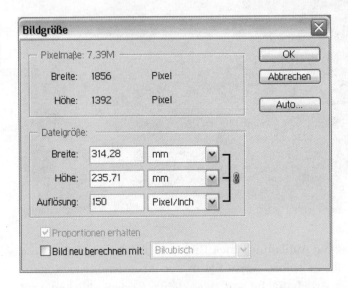

Was hat *Photoshop* mit unserem Bild angestellt? Einmal haben wir jetzt die gewünschte Auflösung von 150 DPI und gleichzeitig erhalten wir neue Bildmaße von BREITE: 314,28 MM und HÖHE: 235,71 MM. Das ist immer noch ein bisschen zu groß für den Ausdruck. Wir könnten ja mal einen Versuch mit einer Auflösung von 300 DPI versuchen und schauen, was dabei rauskommt.

☑ Rufen Sie noch einmal BILD ◆ BILDGRÖßE auf, diesmal geben Sie in das Feld für AUFLÖSUNG einen Wert von 300 ein und bestätigen wieder mit OK.

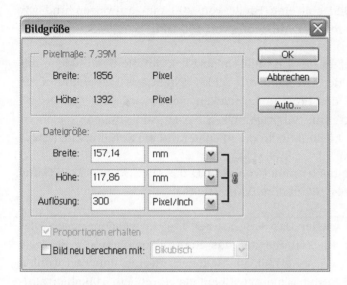

Bild 3.4:
Diesmal haben wir eine
Auflösung von 300
Pixel/Inch eingestellt

Vielleicht haben Sie es schon geahnt: Bei einer Auflösung von 300 DPI werden die Bildmaße erneut reduziert auf eine Breite von 157,14 mm und eine Höhe von 117,86 mm. Das würde einem handelsüblichen 10x15-Bild recht nahe kommen.

Ich fasse mal zusammen, was Sie bisher gelernt haben. Wenn Sie in *Photoshop* ein Bild öffnen, lassen Sie sich über BILD ◆ BILDGRÖßE die vorhandene Auflösung anzeigen. Dann machen Sie sich Gedanken, was Sie mit dem Bild vorhaben. Inzwischen wissen Sie ja, dass Sie für den Einsatz im Internet eine andere Auflösung brauchen als für die Ausgabe auf einem Tintenstrahldrucker. Zusätzlich haben Sie erfahren, dass *Photoshop* bei dieser Methode die Bildmaße automatisch verändert. Was machen Sie jetzt eigentlich, wenn Sie mit den automatisch neu berechneten Bildmaßen nicht einverstanden Sind?

3.3.3 Bildmaße ändern

Auch das erledigen wir in *Photoshop* im gleichen Dialogfenster, aber dabei müssen wir etwas anders vorgehen. Nehmen wir mal an, unser Bild soll eine Breite von 200 mm aufweisen und wir brauchen es in einer Auflösung von 150 DPI.

☑ Sie schließen das Bild mit einem Klick auf die Schaltfläche mit dem X in der Titelleiste des Bildes. (Nicht aus Versehen auf die Titelleiste des Programms klicken, sonst wird es geschlossen!) Es erfolgt eine Abfrage, ob Sie die Änderungen speichern möchten; klicken Sie in dem Fenster auf die Schaltfläche NEIN.

☑ Laden Sie noch einmal von der CD das Bild *Beispiel02.JPG* aus dem Ordner *Bildmaterial\Kapitel 03*.

☑ Sie rufen wieder BILD • BILDGRÖSSE auf, im gleichnamigen Dialogfenster klicken Sie auf das Kontrollkästchen für BILD NEU BERECHNEN MIT, es erhält ein Häkchen. Rechts daneben wählen Sie den Eintrag BIKUBISCH. Ebenfalls durch ein Häkchen aktiviert sein muss PROPORTIONEN ERHALTEN. Im Feld für AUFLÖSUNG geben Sie einen Wert von 150 ein und im Feld für BREITE ändern Sie die Zahl auf 200,00. Danach können Sie mit OK bestätigen.

Bild 3.5:
Hier werden Bildmaße und Bildauflösung gleichzeitig geändert

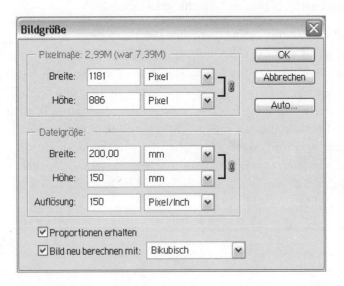

Nun wissen wir auch, wie ein Bild in den Bildmaßen und der Auflösung unseren persönlichen Wünschen entsprechend geändert wird. Bei diesem Vorgang wird das Bild von *Photoshop* neu berechnet; hierbei sollten Sie immer darauf achten, dass Sie als Methode BIKUBISCH wählen.

Wie sieht es denn nun aus, wenn wir ein Photo auf unserer Webseite ins Internet stellen möchten? Hier helfen uns Bildmaße wie mm oder cm einfach nicht weiter. Im Internet bestimmen die Pixel die Darstellungsgröße. Haben Sie damit noch keine Erfahrung, fällt es Ihnen sicherlich nicht so leicht, die Darstellungsgröße in Pixelangaben zu beurteilen. Hier soll uns wieder ein Praxisbeispiel helfen.

☑ Schließen Sie wieder das Bild, denn wir möchten das Ursprungsbild wieder vor uns haben. Öffnen Sie noch einmal von der CD das Photo *Beispiel02.JPG* im Ordner *Bildmaterial\Kapitel 03*.

Als Ergebnis wünschen wir uns das Bild mit einer maximalen Breite von 450 Pixel. Diesmal brauchen wir auch nicht die Auflösung zu ändern, denn unser Ursprungsbild hat ja bereits die notwendige Auflösung von 72 Pixel/Inch gleichbedeutend mit 72 DPI.

☑ Über BILD ◆ BILDGRÖSSE gelangen wir erneut in das gleichnamige Dialogfenster.

Photoshop hat das Dialogfenster mit den letzten Einstellungen geöffnet. Deshalb ist diesmal BILD NEU BERECHNEN und PROPORTIONEN ERHALTEN bereits mit einem Häkchen aktiviert, genau so brauchen wir es. Auch die Berechnungsmethode BIKUBISCH wird schon richtig angezeigt.

☑ Sie müssen nur noch oben im Dialogfenster im Bereich PIXELMASSE im Feld für BREITE einen Wert von 450 eintragen und mit OK bestätigen.

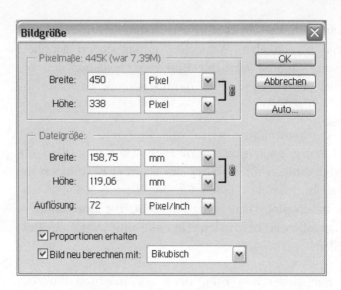

Bildgröße

Pixelmaße: 445K (war 7,39M)

Breite: 450 Pixel

Höhe: 338 Pixel

Dateigröße:

Breite: 158,75 mm

Höhe: 119,06 mm

Auflösung: 72 Pixel/Inch

☑ Proportionen erhalten
☑ Bild neu berechnen mit: Bikubisch

OK
Abbrechen
Auto...

Warnung Bildmaße vergrößern

In unserem Praxisbeispiel haben wir die Maße des Bildes reduziert. Geht das nun auch anders herum, können wir das Photo
auch vergrößern? Geben Sie einen höheren Wert in das betreffende Feld ein, funktioniert das natürlich auch. Aber mit dem Ergebnis werden Sie höchstwahrscheinlich nicht zufrieden sein. Nach
einer Vergrößerung wird das Bild leicht unscharf. Abhilfe schafft
hier in vielen Fällen FILTER ◆ SCHARFZEICHNUNGSFILTER ◆ UNSCHARF
MASKIEREN. Wenn also eine Vergrößerung unbedingt notwendig
wird, dann nur in kleinen Schritten. Möchten Sie ein Photo von
5 x 5 cm auf 20 x 20 cm hochrechnen, dann funktioniert das einfach nicht.

Nach der Zuweisung wird das Photo auf der Oberfläche von *Photoshop* so klein dargestellt, dass sich doch die Frage aufdrängt, ob
wir wirklich eine geeignete Größe eingestellt haben. Es ist nicht
immer ganz einfach, Bildmaße im Arbeitsfenster von *Photoshop* zu
beurteilen. Sie hätten jetzt die Möglichkeit, das Bild zu speichern,
es in einem Programm wie *MS Frontpage* oder in einem Browser

wie *Internet Explorer* zu laden. Hier würden Sie besser erkennen, wie Besucher Ihrer Webseite das betreffende Photo sehen.

Es gibt aber auch noch einen kleinen Trick, wie wir *Photoshop* dazu bringen, uns diesen Eindruck zu vermitteln.

Richtige Darstellung auf der Oberfläche

Soll ein Bild für die Veröffentlichung im Internet bearbeitet werden, ist es hilfreich, das Bild in der gleichen Größe angezeigt zu bekommen, wie es später auch der Besucher sieht. Aktivieren Sie in der WERKZEUG-Palette das ZOOM-WERKZEUG und klicken in der Optionsleiste auf die Schaltfläche TATSÄCHLICHE PIXEL. Gegebenenfalls müssen Sie das Bildfenster noch vergrößern. Hierzu gehen Sie mit dem Mauszeiger auf die untere rechte Ecke des Bildfensters, halten die Maustaste gedrückt und ziehen nach rechts unten. Jetzt erhalten Sie die richtige Ansicht.

| Tatsächliche Pixel | Ganzes Bild | Ausgabegröße |

Bild 3.7:
Ausschnitt aus der Optionsleiste mit der Schaltfläche für die richtige Ansicht

Damit haben wir alle Situationen durchgespielt, mit denen Sie und ich bei der Einstellung der Auflösung von Bildern und der Änderung der Bildmaße konfrontiert werden. Ich bin sicher, wir können uns einem anderen Thema zuwenden.

Bisher habe ich in diesem Kapitel es ganz bewusst vermieden, Sie aufzufordern, ein Bild in *Photoshop* zu speichern. Denn bei unserem nach wie vor geöffneten Beispielbild werden wir gezwungen, uns mit dem Dateiformat auseinander zu setzen, und das wäre dann schon das nächste Thema.

3.4   Dateiformat

Wir halten noch einmal fest: Unser Beispielbild kommt aus einer Digitalkamera und die Dateibezeichnung lautet korrekt *Beispiel02.JPG*. Da haben wir einmal den Dateinamen, den wir frei bestimmen können, dann kommt ein Punkt und dahinter stehen dann die drei Buchstaben JPG. Genau diese drei Buchstaben zeigen uns das Dateiformat an. Nicht nur Bilder, sondern alle Dateien auf Ihrem PC haben ein bestimmtes Dateiformat, z. B. hat ein Brief, den Sie mit der Textverarbeitung *MS Word* schreiben, hinter dem Punkt die Bezeichnung *doc*. In der Umgangssprache wird das Dateiformat auch als Dateiendung bezeichnet. Die meisten Programme erlauben Ihnen, mit verschiedenen Dateiformaten zu arbeiten.

3.4.1   Dateiformat anzeigen

Wo können Sie das Dateiformat erkennen oder wird das auf Ihrem Rechner gar nicht angezeigt? Das wäre durchaus möglich, denn Bill Gates ist höchstwahrscheinlich der Meinung, Sie brauchen diese Dateiendungen nicht zu sehen. Bei einer Standardinstallation von *Windows* ist diese Anzeigefunktion ausgeschaltet, wir müssen sie erst zum Leben erwecken.

Dateiendungen anzeigen

Für die Bildbearbeitung ist es schon sehr hilfreich, wenn auf Ihrem PC die Dateiformate zu erkennen sind. Es erlaubt Ihnen einen gezielten Zugriff auf die unterschiedlichen Formate. Wie Sie das erreichen, zeige ich Ihnen am Beispiel von *Windows XP*. Klicken Sie auf die Schaltfläche START und wählen dann den Eintrag ARBEITSPLATZ. (Alternativ finden Sie auf Ihrem Desktop das Icon ARBEITSPLATZ, mit der rechten Maustaste wählen Sie ÖFFNEN.) In beiden Fällen öffnet sich das Fenster ARBEITSPLATZ. Hier führen Sie EXTRAS ◆ ORDNEROPTIONEN aus, im gleichnamigen Dialogfenster wählen Sie die Registerkarte ANSICHT. Hier suchen Sie den Eintrag ERWEITERUNGEN BEI BEKANNTEN DATEITYPEN AUSBLENDEN und klicken auf das Kontrollkästchen davor, damit das Häkchen verschwindet. Sie müssen die Änderung noch mit einem Mausklick auf die Schaltfläche ÜBERNEHMEN bestätigen. Schließen Sie wieder die beiden Fenster, werden die Dateiendungen angezeigt.

3.4.2 Als JPG speichern

Zurück zu unserem Beispielbild. Wir werden es jetzt speichern und lassen uns von der Reaktion von *Photoshop* überraschen.

☑ Wählen Sie DATEI ◆ SPEICHERN UNTER, es öffnet sich ein neues Dialogfenster.

Bild 3.8:
So wird ein Bild
gespeichert

Im oberen Bereich suchen Sie einen geeigneten Ordner auf Ihrer Festplatte. Unten finden Sie ein Feld für DATEINAME.

☑ Tragen Sie hier einen Namen Ihrer Wahl ein. Als FORMAT erhalten wir von *Photoshop* automatisch JPEG angeboten. Das ändern wir in diesem Fall nicht, sondern klicken auf SPEICHERN.

Nun kommt die Überraschung, von der ich vorhin sprach. Da wollten Sie nur ein Bild speichern und werden mit einem weiteren Dialogfenster belohnt.

Bild 3.9:
Die Qualität eines *JPG*-
Bildes ist einstellbar

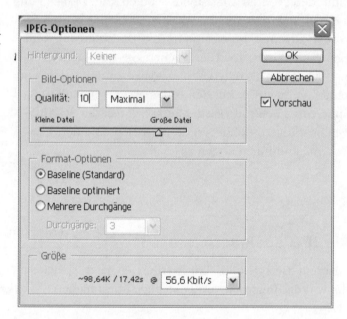

☑ In dem Dialogfenster schieben Sie den Regler nach rechts bis im Feld für QUALITÄT ein Wert von 10 angezeigt wird. Die anderen Einstellungen bleiben unverändert. Bestätigen Sie mit OK.

Was ist passiert? Unser Beispielbild hatte bereits das Dateiformat JPG, *Photoshop* ist davon ausgegangen, wir möchten das Format beibehalten, deshalb wurde im Dialogfenster SPEICHERN UNTER auch automatisch JPG angeboten. Wir hätten aber zu diesem Zeitpunkt auch ein anderes Format wählen können. Danach öffnete sich das zweite Dialogfenster; da bei diesem Format das Bild komprimiert wird, haben wir mit dem Regler die Komprimierung neu bestimmt.

Damit es nicht untergeht: Bei unserer Vorgehensweise haben wir das Ursprungsbild immer noch unverändert auf unserer Festplatte. Mit dem Befehl DATEI SPEICHERN UNTER und dem neuen Dateinamen haben wir *Photoshop* angewiesen, eine Kopie mit den veränderten Maßen zu erstellen.

Es gibt noch einen anderen Weg, ein Bild als JPG zu speichern, damit beschäftigen wir uns bei einem weiteren Praxisbeispiel zu einem späteren Zeitpunkt.

3.4.3   Unterschiedliche Dateiformate

Photoshop arbeitet mit einer Vielzahl von unterschiedlichen Dateiformaten. Hier folgt eine kleine Übersicht über die gängigsten Bildformate.

- [ ] *.PSD* ist das Standarddateiformat von *Photoshop.* Arbeiten Sie mit mehreren Ebenen in einer Datei, bleiben diese beim Speichern erhalten.
- [ ] *.TIFF* ist ein weit verbreitetes Bildformat, das von den meisten Bildbearbeitungsprogrammen erkannt wird. Alle Ebenen eines Bildes werden auf eine Hintergrundebene reduziert. Wählen Sie in *Photoshop* dieses Format, erfolgt die Abfrage, ob Sie eine Komprimierung wünschen und ob Sie für IBM-PC oder für Macintosh sichern möchten.
- [ ] *.JPG* ist das gebräuchlichste Format für Bilder, die im Internet publiziert werden. Auch einige Digitalkameras arbeiten mit diesem Format. Das *JPG*-Format verwendet eine Komprimierung, mit der die Dateigröße reduziert wird. Die Dateigröße wird immer einen Kompromiss zwischen Größe und Bildqualität darstellen. Beim Öffnen eines solchen Bildes wird es automatisch dekomprimiert, ein erneutes Speichern im selben Format zieht wieder eine Komprimierung nach sich.
- [ ] *.GIF* – auch dieses Format findet hauptsächlich seinen Einsatz im Internet. Es kann maximal 256 Farben darstellen. Zusätzlich unterstützt es Transparenzen.
- [ ] *.BMP* ist das *Windows*-Standardformat; bei der Bildbearbeitung wird es eher selten eingesetzt.

- □ *.EPS* findet seinen Einsatz bei der professionellen Weiterverarbeitung für DTP (Desk Top Publishing)-Projekte. Es erlaubt maskierte Bereiche eines Bildes zu speichern.
- □ *.AI* ist das Dateiformat von *Adobe Illustrator*; damit wird es möglich, Vektorgrafiken in ein Bild einzufügen.

Leider gibt es für die unterschiedlichen Dateiformate keine allgemein gültigen goldenen Regeln wie bei der Bildauflösung. Bildbeschaffenheit sowie der Verwendungszweck bestimmen letztendlich die Wahl des Dateiformats.

3.5 Farbmodus

Möchten Sie in *Photoshop* erfolgreich Bilder bearbeiten, konfrontiert Sie das Programm mit Begriffen wie RGB, CMYK usw. Es kann nur von Vorteil sein, wenn wir uns auch auf diesem Gebiet ein klein wenig schlau machen.

Der Farbmodus bestimmt die Anzahl an Bits, die zur Darstellung der Farbe eines Pixels verwendet werden. Die Farbtiefe reicht dabei von 1 Bit bis zu 24 Bit. Je mehr Bits zur Verfügung stehen, umso mehr Farbtöne werden im Bild dargestellt. Sie können den Farbmodus eines Bildes auch nachträglich ändern, dies bezeichnet man als Konvertierung.

- □ *RGB-Farbe, 24 Bit:* Digitalkameras, Monitore und Scanner verwenden dieses Farbmodell. Hier werden die Farben anhand der Anteile an Rot, Grün und Blau definiert. Der *RGB-Farbmodus* eignet sich bestens für die Wiedergabe von Bildern auf dem Bildschirm. Auch *Photoshop* arbeitet mit diesem Modus, nur in diesem Modus können Sie die angebotenen Filter einsetzen.
- □ *CMYK-Farbe, 32 Bit:* Dies ist das Farbmodell für die digitale Druckvorstufe. Es sind hier die vier Grundfarben Cyan, Magenta, Yellow und Black enthalten. Bei *CMYK* ist der Farbumfang kleiner als bei *RGB*. Haben Sie z. B. ein Bild von *RGB* nach *CMYK* konvertiert, wirkt es oft blasser, da Bildinformationen verloren gehen.
- □ *Bitmap, 1 Bit:* In diesem Modus werden die Pixel schwarz oder weiß dargestellt. Möchten Sie in *Photoshop* ein Bild in diesem

Modus darstellen, müssen Sie es zuvor in *Graustufen* konvertieren.

☐ *Graustufen, 8 Bit:* Dieser Modus eignet sich für die Darstellung von Schwarz-Weiß-Photos, es sind bis zu 256 Helligkeitsstufen möglich.

☐ *Duplex, 8 Bit:* Hier können Sie einem Graustufenbild zusätzlich eine bis maximal vier Farben zuweisen.

☐ *Indizierte Farben, 8 Bit:* Dieser Modus wird hauptsächlich für Webgrafiken eingesetzt. Die Farben eines Bildes werden durch die Farben einer Palette ersetzt. Dabei werden die Farben des Originalbildes mit der ähnlichsten Farbe gewählt oder mit verfügbaren Farben simuliert.

Hurra, wir haben das mit dem Grundwissen auch geschafft. Es gibt in den folgenden Kapiteln jede Menge Situationen, bei denen uns die hier aufgeführten Punkte eine echte Hilfe sind. Sie können jederzeit in diesem Kapitel nachschlagen, um die eine oder andere Information nachzulesen.

4 Photo im 50er-Jahre-Look

Meistens sind diese alten Bilder in einem Karton irgendwo ganz unten oder ganz oben im Schrank zu finden. Sie haben so einen schönen gezackten Rand und eine gelbbräunliche Tönung. Wie wurde die gleich noch mal genannt? Richtig, Chamois war die Bezeichnung. Wir werden versuchen, mit den modernen, digitalen Hilfsmitteln von *Photoshop* diesen alten Look neu zu gestalten.

Sie erfahren, wie man
☐ die Arbeitsfläche vergrößert,
☐ eine Auswahl erzeugt,
☐ aus der Auswahl eine neue Ebene erstellt,
☐ die Ebene umbenennt, skaliert und dupliziert,
☐ Farbe einsetzt und einen Filter verwendet,
☐ eine Füllmethode bestimmt sowie
☐ Schatten hinzufügt.

Sie erinnern sich noch, mein Name ist Hugo Pixel und ich bin richtig froh, dass wir nun endlich loslegen können, mit einem recht anspruchsvollen Praxisbeispiel. Auch wenn das Wissen über die Programmoberfläche und das Grundwissen in den vorangegangenen Kapiteln absolut notwendig ist, es macht mir halt viel mehr Spaß, wenn am Ende aller Bemühungen ein vorzeigbares Ergebnis dabei herauskommt. Vielleicht geht es Ihnen ja genauso.

Hoffentlich sind wir der geplanten Aufgabe schon gewachsen, ich glaube aber, wir schaffen das. Auf jeden Fall werde ich meinem Namen alle Ehre machen und die Pixel visuell auf Vordermann bringen.

4.1   Arbeitsfläche vergrößern

Zuerst laden Sie ein Bild von der CD oder Sie beginnen mit einem eigenen Photo Ihrer Wahl. Für unsere Arbeit ist ein Portraitphoto bestens geeignet.

☑ Laden Sie von der CD die Datei *Portrait1* aus dem Ordner *Bild-material\Kapitel 04.*

Das Photo scheint für unser Projekt in Ordnung zu sein, es sind vorerst keine Korrekturen notwendig. Für den gezackten Rahmen brauchen wir rund um das Bild etwas mehr Platz, andernfalls müssten wir das Bild beschneiden. Dafür finden wir in *Photoshop* auch eine geeignete Funktion.

☑ Rufen Sie BILD ◆ ARBEITSFLÄCHE auf.

Im Dialogfenster lassen Sie das Quadrat im Bereich POSITION in der Mitte. Ganz oben sehen Sie die AKTUELLE GRÖSSE.

☑ Im Bereich NEUE GRÖSSE geben Sie für BREITE 130,3 mm und HÖHE 175,45 mm ein.

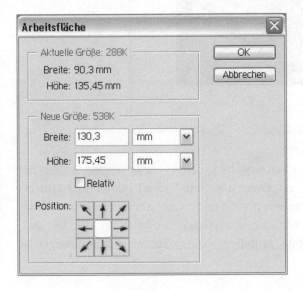

Bild 4.1:
Die Arbeitsfläche
wird vergrößert

Dank dieser Einstellung haben wir unsere Arbeitsfläche um 40 mm auf jeder Seite vergrößert. Hier bietet *Photoshop* eine wirklich intelligente Lösung. Die Alternative wäre eine neue Datei mit den vergrößerten Maßen anzulegen und das Bild dort einzufügen.

Wenn Sie mal einen Blick auf die EBENEN-Palette werfen, sehen Sie dort, dass unser Photo sowie der weiße Rand bisher nur Hintergrund sind. Wir brauchen aber das Portrait als eine eigene Ebene, demzufolge müssen wir es erst auswählen und dann aus der Auswahl eine neue Ebene erstellen. Klingt ziemlich kompliziert, ist aber echt einfach.

4.2 Auswahl und Ebene

Mit irgendeinem Werkzeug muss das Portrait ausgewählt werden. Ich darf Ihnen schon mal verraten, dass das Werkzeug ZAUBERSTAB die richtige Wahl ist. Wir wenden hier einen kleinen Trick an, es ist einfacher, erst die weiße Fläche auszuwählen und dann sehen wir weiter.

☑ Aktivieren Sie in der WERKZEUG-Palette das Werkzeug ZAUBER- STAB, in der Optionsleiste setzen Sie den Wert für TOLERANZ auf einen Wert von 10. Klicken Sie mit dem veränderten Mauszeiger auf eine weiße Fläche im geöffneten Bild.

Nun haben wir den gesamten weißen Bereich ausgewählt. Sie erkennen das an der umlaufenden gestrichelten Linie. Aber eigentlich möchten wir ja das Portrait auswählen, das erreichen wir auch durch die Umkehr der Auswahl.

☑ Führen Sie AUSWAHL ♦ AUSWAHL UMKEHREN aus .

Jetzt ist es genau so, wie wir es haben wollen, das Portrait ist ausgewählt. Im allgemeinen Sprachgebrauch würde man sagen, wir haben das Portrait maskiert. Bei *Photoshop* müssen Sie sich an die Bezeichnung Auswahl gewöhnen. Aus dieser Auswahl gestalten Sie eine neue Ebene.

☑ Über EBENE ♦ NEU ♦ EBENE DURCH KOPIE erhalten Sie eine neue Ebene mit dem gewünschten Inhalt. Alternativ geht das auch mit der [Strg]+[J]-Tastenkombination noch schneller.

In der EBENEN-Palette wird Ihnen die neue Ebene angezeigt; sie wird von *Photoshop* automatisch als Ebene mit einer fortlaufenden Nummer, beginnend bei eins, gekennzeichnet.

4.2.1 Ebene umbenennen

Arbeiten Sie mit mehreren Ebenen, sehen Sie sehr schnell, dass trotz kleinem Vorschaubild das Erkennen der Ebenen nicht immer einfach ist; besonders dann, wenn alle Ebenen die gleiche Bezeichnung mit nur einer anderen Nummer tragen. Viel bequemer wird es, wenn Sie jeder Ebene einen eigenen aussagefähigen Namen geben. In *Photoshop 7.0* geht das auch viel einfacher als in den vorherigen Versionen.

☑ Führen Sie einen Doppelklick in der EBENEN-Palette direkt auf den Namen EBENE 1 aus, geben Sie dann die neue Bezeichnung Portrait ein.

Bild 4.3:
Die neue Ebene vor und
nach der Umbenennung

4.3 Hintergrund gestalten

Würde ich als Hugo Pixel ganz alleine vor meinem PC sitzen, käme vielleicht eine andere Reihenfolge in Frage, aber Sie sind ja bei mir. Um später auf Anhieb den Rahmen zu erkennen, ist es von Vorteil, erst einmal den Hintergrund zu bearbeiten. Dieser soll so eine Art von Muster erhalten.

4.3.1 Ebene markieren

☑ Zuerst klicken Sie in der EBENEN-Palette auf die Ebene *Hintergrund,* diese ist dann ausgewählt. Mit anderen Worten, Sie haben die *Hintergrundebene* markiert.

Das ist die Grundvoraussetzung, um die jeweilige Ebene zu bearbeiten. Besonders bei Anfängern ist zu beobachten, dass aus Versehen eine falsche Ebene markiert wird. Das hat dann zur Folge, dass die nächste Aktion der falschen Ebene zugeordnet wird.

Woran erkennen Sie denn, dass die *Hintergrundebene* markiert ist? Während eine normale Ebene in der geöffneten Datei mit einem BEGRENZUNGSRAHMEN gekennzeichnet wird, erhalten Sie die

Information über die *Hintergrundebene* ausschließlich in der
EBENEN-Palette.

Bild 4.4:
So erkennen Sie in
der EBENEN-Palette,
dass der Hintergrund
markiert ist

In Bild 4.4 wird das Geheimnis gelüftet. Eine markierte Ebene
erkennen Sie an dem farbig unterlegten Ebenennamen und das
kleine Vorschaubild erhält zusätzlich einen schwarzen Rahmen.
Außerdem wird in der Spalte, links vor dem Vorschaubild, mit
einem Pinselsymbol angezeigt, dass die Ebene bereit ist für eine
Bearbeitung.

4.3.2   Farbe und Muster hinzufügen

Mitunter ist es recht sinnvoll, bei der Bildbearbeitung etwas im
Voraus zu planen. Es ist denkbar, dass wir kurz vor Ende die
Ebene mit dem Bild und dem Rahmen auf der Arbeitsfläche ver-
schieben möchten. Fakt ist, unser Hintergrund besteht aus dem
Portrait und der weißen Fläche. Würden wir die darüber liegende
Ebene nur mit dem Portrait verschieben, stört das nach wie vor
vorhandene Bild direkt auf der Hintergrundebene. Was ich meine,
können Sie gleich nachvollziehen.

☑ Klicken Sie auf die Ebene PORTRAIT und aktivieren Sie das
   VERSCHIEBEN-WERKZEUG und ziehen Sie das Portrait mit gedrückter Maustaste an eine andere Stelle.

Nun sehen Sie, das untere Bild würde dabei etwas stören. Sie
müssen jetzt keinesfalls das Portrait per Hand wieder genau in die
Mitte bringen, sondern Sie nutzen einen anderen Menübefehl.

☑ Die Rücknahme der letzten Aktion erfolgt über BEARBEITEN ◆ RÜCKGÄNGIG: VERSCHIEBEN

Zurück zum eigentlichen Problem, wir füllen erst den gesamten Hintergrund mit einer Farbe und nutzen dann die Funktion für das Muster. So sollten wir einen einheitlich gemusterten Hintergrund erhalten.

☑ Markieren Sie wieder in der EBENEN-Palette die *Hintergrundebene* mit einem Mausklick.

☑ Klicken Sie in der WERKZEUG-Palette auf die beiden kleinen Quadrate unterhalb der beiden größeren Farbflächen.

So stellen Sie für VORDERGRUNDFARBE und HINTERGRUNDFARBE die Standardfarben ein. Das sind in *Photoshop* Schwarz und Weiß.

Bild 4.5:
Hier bestimmen
Sie die Vorder- und
Hintergrundfarbe

☑ Gefärbt wird der Hintergrund mit BEARBEITEN ◆ FLÄCHE FÜLLEN. Im Dialogfenster stellen Sie VORDERGRUNDFARBE ein und bestätigen mit OK.

Bild 4.6:
Damit wird die Hinter-
grundebene gefüllt

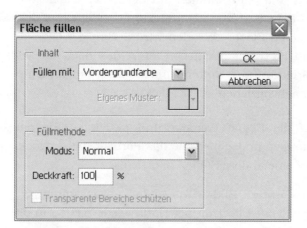

☑ Führen Sie den Befehl FILTER ◆ RENDERING-FILTER ◆ DIFFERENZ-WOLKEN aus.

Für unsere Bemühungen belohnt uns *Photoshop* mit einem herrlichen Wolkenmuster für den Hintergrund. Ganz zum Schluss erhält er noch einen neuen Farbton, vorerst wollen wir ihn mal so belassen.

4.4 Rahmen produzieren

Meistens gibt es für eine Aufgabe oder ein angestrebtes Ziel bei der Bildbearbeitung mehrere Möglichkeiten. Für unseren Rahmen entscheiden wir uns für eine neue Ebene, die etwas größere Maße als das Portraitbild selbst aufweist.

In *Photoshop* suchen Sie einen direkten Befehl zur Vergrößerung einer Ebene vergebens. Zum Ziel gelangen wir über eine Auswahl. Das heißt im Klartext, erst brauchen wir eine Auswahl von dem Portrait, diese vergrößern wir und erzeugen dann eine neue Ebene aus dem Hintergrund.

☑ Klicken Sie in der EBENEN-Palette auf die Ebene *Portrait,* führen Sie AUSWAHL ◆ AUSWAHL LADEN aus.

☑ Im folgenden Dialogfenster klicken Sie einfach auf OK (damit ist diese Ebene mit einer Auswahl versehen).

Viel schneller geht es, wenn Sie die [Strg]-Taste gedrückt halten und auf die betreffende Ebene in der Ebenen-Palette klicken.

☑ Die Auswahl wird über Auswahl ◆ Auswahl verändern ◆ Ausweiten vergrößert.

☑ Im Dialogfenster tragen Sie für Pixel einen Wert von 20 ein und bestätigen mit OK. Anstelle der OK-Schaltfläche können Sie auch mit der [↵]-Taste bestätigen.

Bild 4.8:
Das Dialogfenster für
die Erweiterung einer
Auswahl

Vor dem nächsten Arbeitsschritt erlauben Sie mir noch eine Erklärung. In der geöffneten Datei erkennen Sie den erweiterten Auswahlrahmen als fortlaufend gestrichelte Linie. Aus dieser Auswahl soll eine neue Ebene entstehen. Das funktioniert natürlich nur, wenn vor der Aktion die *Hintergrundebene* ausgewählt ist. Sonst wäre keine Fläche vorhanden, mit der die Auswahl gefüllt werden kann.

☑ Klicken Sie in der Ebenen-Palette auf die *Hintergrundebene*, dann geht es weiter mit Ebene ◆ Neu ◆ Ebene durch Kopie. Alternativ gibt es dafür die [Strg]+[J]-Tastenkombination.

Diese Aktion hat uns eine neue Ebene gebracht, die von *Photoshop* automatisch in der Reihenfolge über der *Hintergrundebene* angeordnet wird.

☑ Doppelklicken Sie in der Ebenen-Palette direkt auf den Namen der neuen Ebene und geben Sie die Bezeichnung Rahmen ein.

Bild 4.9:
Die neue Ebene wird
direkt über der *Hinter-
grundebene* angeordnet

Ebene vorübergehend ausschalten

Es kann vorkommen, dass Ihnen eine Ebene die Sicht auf eine darunter liegende Ebene versperrt. Kein Problem, klicken Sie in der EBENEN-Palette auf das Augensymbol vor dem Vorschaufenster und die Ebene ist ausgeblendet. Möchten Sie die Ebene danach wieder anzeigen, klicken Sie an der gleichen Stelle auf das nun leere Kästchen. Die Ebene ist wieder sichtbar.

4.4.1   Rahmen färben

Sie erinnern sich: Vorhin wurde der Hintergrund gefärbt. Nun soll die Ebene *Rahmen* eine weiße Farbe erhalten. Dabei müssen wir eine Besonderheit beachten. Im Gegensatz zu der *Hintergrund-ebene* haben wir jetzt keinen Bereich, der sich über die gesamte Fläche erstreckt. Die leeren Stellen an allen vier Rändern bezeichnet man in *Photoshop* als transparente Pixel und diese sollen natürlich keine Farbe erhalten. Hier hilft uns wieder die Auswahl.

☑ Diesmal benutzen wir nicht den Menübefehl, sondern Sie halten die [Strg]-Taste gedrückt und klicken in der EBENEN-Palette auf die Ebene *Rahmen.*

☑ Danach funktioniert BEARBEITEN ◆ FLÄCHE FÜLLEN einwandfrei.

☑ Im Dialogfenster wählen Sie im Bereich INHALT die HINTERGRUNDFARBE und weisen dies mit der -Taste zu.

☑ Bleibt noch übrig, die Auswahl wieder zu entfernen über AUSWAHL ◆ AUSWAHL AUFHEBEN. Soll es wieder mal schneller gehen, dann nutzen Sie die Tastenkombination [Strg]+[D].

4.4.2 Zackenrand hinzufügen

Jetzt fehlt noch der gezackte Rand; hierfür gibt es einen Filter, der ein ganz ansprechendes Resultat hervorbringt. Die Ebene *Rahmen* muss weiterhin in der EBENEN-Palette markiert sein.

☑ Den Filter erreichen Sie mit FILTER ◆ VERZERRUNGSFILTER ◆ KRÄUSELN.

☑ Im Dialogfenster wählen Sie unter FREQUENZ die Einstellung MITTEL und schieben den Regler für GRÖSSE auf 236% oder geben den Wert mit der Tastatur ein. Zugewiesen wird mit der Schaltfläche OK oder mit der [↵]-Taste.

Arbeiten Sie heute zum ersten Mal mit so einem Filter, dann nutzen Sie die Gelegenheit und experimentieren Sie etwas damit. Leider erkennen Sie die Auswirkung erst dann, wenn Sie zugewiesen haben, denn in dem Vorschaufenster sind geringe Änderungen in der Einstellung nur zu erahnen.

Ich glaube, es wird Zeit, uns an dem bisherigen Zwischenergebnis zu erfreuen. Was wir da als Anfänger bisher gebastelt haben, kann sich doch sehen lassen und so ganz nebenbei haben wir bereits einen Teil der wichtigsten Funktionen von *Photoshop* kennen gelernt.

4.4.3 Ebene skalieren

Wenn ich mir unser Zwischenergebnis genau anschaue, muss ich leider feststellen, dass unser Rahmen eventuell etwas zu breit ausgefallen ist. Sind Sie auch meiner Meinung oder gefällt es Ihnen so, wie es ist?

Entscheiden Sie selbst, ob Sie mitmachen oder nicht. Ich suche nun nach einer Möglichkeit, die Ebene mit dem weißen Rahmen etwas zu skalieren. Das geht auch ganz einfach.

 ☑ Aktivieren Sie das VERSCHIEBEN-WERKZEUG – achten Sie darauf, dass in der Optionsleiste BEGRENZUNGSRAHMEN ANZEIGEN aktiviert sein muss – und dann klicken Sie im Bild auf den weißen Rahmen.

Im Bild erkennen Sie den BEGRENZUNGSRAHMEN mit acht Griffpunkten.

☑ Halten Sie die Tasten [alt] und [⌘] gedrückt und verschieben Sie den rechten oberen Griffpunkt mit gedrückter Maustaste etwas in Richtung Bildmitte. Sind Sie mit der Skalierung zufrieden, bestätigen Sie mit der [↵]-Taste.

Dank der gedrückten Tasten [alt] und [⌘] haben Sie proportional skaliert. In *Photoshop* spricht man bei diesen Änderungen von TRANSFORMIEREN. Haben Sie mal die Tastenkombination vergessen, gibt es dafür natürlich auch einen Menübefehl: BEARBEITEN ▸ TRANSFORMIEREN ▸ SKALIEREN führt Sie auch ans Ziel.

4.5 Chamois und ...

In diesem Arbeitsschritt soll der typische gelbbräunliche Farbton hinzukommen; es wäre schön, würde er nicht nur auf dem Bild, sondern auch auf dem weißen Rahmen erscheinen.

Wenn ich Ihnen jetzt erzähle, eigentlich könnte man das so machen, aber aus diesem und jenem Grund funktioniert das nicht – wer weiß schon, ob Sie mir das glauben.

Deshalb zeige ich Ihnen erst einmal, wie es nicht geht, und dabei lernen Sie wieder etwas über die Bildbearbeitung mit *Photoshop*.

☑ Markieren Sie in der EBENEN-Palette die Ebene *Rahmen* und rufen BILD ▸ EINSTELLUNGEN ▸ FARBBALANCE auf, im Dialogfenster muss VORSCHAU aktiviert sein.

☑ Verschieben Sie dann einen oder mehrere Regler.

Im Bild sehen Sie keine farbliche Veränderung, der Rahmen bleibt absolut schneeweiß. Jetzt machen wir noch einen Versuch.

☑ Markieren Sie diesmal in der Ebenen-Palette die Ebene *Portrait,* dann rufen Sie noch einmal Bild ◆ Einstellungen ◆ Farbbalance auf.

☑ Verschieben Sie die Regler nach Belieben und achten Sie auf die Farben im Bild.

Diesmal verändert sich der Farbton vom Bild. Sie haben soeben eine Funktion kennen gelernt, mit der Sie ein Photo farblich anpassen oder verändern können. Für unser Beispiel hilft uns das leider nicht weiter. Wir müssen nach einer anderen Lösung suchen.

Ich glaube, ich habe da was gefunden. Wir erzeugen eine neue Ebene, füllen diese mit Farbe und lassen die Ebenen von *Photoshop* miteinander verrechnen. Klingt für Sie vielleicht etwas verwirrend, aber gleich werden Sie staunen, was so alles machbar ist.

4.5.1   Farbe reduzieren

Bis jetzt haben wir die Originalfarben von unserem Portrait unberührt gelassen. Für unseren geplanten Effekt ist das aber störend, wir brauchen ein Photo ohne Farben. Während in der Bildbearbeitung von Graustufenbild etc. die Rede ist, spricht man in der Umgangssprache von einem Schwarz-Weiß-Bild.

☑ Per Mausklick wählen Sie in der Ebenen-Palette die Ebene *Portrait* und mit Bild ◆ Einstellungen ◆ Sättigung verringern erhalten Sie das gewünschte Ergebnis.

4.5.2   Ebene duplizieren

Zurück zu unserem gelbbräunlichen Farbton. Wir benötigen eine neue Ebene, die genauso groß ist wie das Portrait inklusive des Randes, denn diesen Bereich möchten wir färben. Wenn wir die Ebene *Rahmen* duplizieren, liegen wir ganz bestimmt nicht falsch.

☑ Klicken Sie mit der rechten Maustaste in der EBENEN-Palette auf die Ebene *Rahmen.* Im Kontextmenü wählen Sie EBENE ♦ DUPLIZIEREN aus.

☑ Dann werden Sie von *Photoshop* gefragt, ob Sie mit dem Ebenennamen *Rahmen Kopie* einverstanden sind. Bestätigen Sie mit der ⏎-Taste.

Bild 4.13:
Das Kontextmenü bei ausgewählter Ebene

Schauen Sie in die EBENEN-Palette: Wir haben eine neue Ebene erhalten. *Photoshop* hat sie automatisch in der Reihenfolge über der Ebene *Rahmen* eingefügt, genau da wollen wir sie aber nicht haben.

☑ Schieben Sie mit gedrückter Maustaste die Ebene *Rahmen Kopie* in der EBENEN-Palette ganz nach oben.

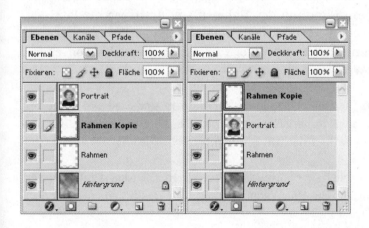

Bild 4.14:
Die duplizierte Ebene an der automatisch zugeordneten Position und am endgültigen Parkplatz nach dem Verschieben

4.5.3 Ebene färben

Diese Ebene wollen wir jetzt färben. Hierfür gibt es in *Photoshop* eine fertige Farbpalette, die wir dafür einsetzen.

☑ Klicken Sie in der FARBREGLER-Palette auf die Palette FARBFELDER, bis Ihre Palette aussieht wie in Bild 4.15 gezeigt.

Bild 4.15:
Per Mausklick wird aus
der Palette FARBREGLER
die Palette FARBFELDER

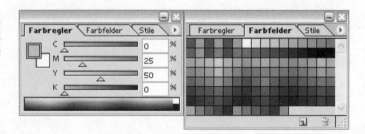

Wenn Sie mit dem Mauszeiger über die einzelnen Farbfelder fahren, wird der Mauszeiger als Pipette dargestellt und zusätzlich erfahren Sie den Namen der jeweiligen Farbe auf der so genannten *Quick Info* (das sind die kleinen gelben Zettelchen, die nach ca. zwei Sekunden aufblinken).

☑ Suchen Sie in der FARBFELDER-Palette die Farbe PASTELL-GELB-ORANGE und klicken Sie einmal darauf.

☑ Somit ist diese Farbe als VORDERGRUNDFARBE bestimmt und wird auch in der WERKZEUG-Palette angezeigt. Vor dem Färben nicht vergessen: Rund um den Rahmen sind transparente Pixel; damit diese außen vorbleiben, laden wir erst wieder eine Auswahl. Sie erinnern sich: Wir haben in diesem Kapitel schon einmal diesen Weg beschritten.

☑ Klicken Sie mit gedrückter ⌜Strg⌝-Taste in der EBENEN-Palette auf die Ebene *Rahmen Kopie*. (Damit ist die Ebene markiert und gleichzeitig die Auswahl geladen.)

☑ Über BEARBEITEN • FLÄCHE FÜLLEN öffnen Sie das Dialogfenster, hier wählen Sie VORDERGRUNDFARBE und bestätigen mit der ⌜↵⌝-Taste.

Nicht vergessen: Die Auswahl ist weiterhin aktiv, wir benötigen sie aber nicht mehr.

☑ Mit Auswahl ◆ Auswahl aufheben löschen Sie diese. Dafür gibt es auch einen Shortcut: Mit [Strg]+[D] funktioniert es auch.

Im geöffneten Bild haben Sie nun eine orangefarbene Fläche, die alles verdeckt. Meinen Sie, wir sind trotzdem noch auf dem richtigen Weg? Diese Frage darf ich mit einem ganz klaren Ja beantworten.

Zwischenzeitlich haben Sie sicherlich selbst erkannt, wie wichtig die Ebenen-Palette für das Arbeiten mit *Photoshop* ist, ohne sie läuft so gut wie gar nichts. Auch die nächste Aktion findet dort statt.

4.5.4 Füllmethode für Ebene einstellen

Photoshop bietet die Möglichkeit, Ebenen mit einer bestimmten Füllmethode mit der darunter liegenden Ebene zu verrechnen. Dadurch erhalten Sie mitunter ganz erstaunliche Ergebnisse, besonders wenn die betreffende Ebene mit einem Muster gefüllt ist. In unserem Beispiel möchten wir ja nur färben.

☑ In der Ebenen-Palette klappen Sie das Menü Füllmethode für die Ebene einstellen auf. Es öffnet sich ein Auswahlmenü, hier wählen Sie den Eintrag Multiplizieren.

Noch ist der Farbton etwas zu kräftig, aber das ändern wir auch gleich.

☑ Neben der Einstellung für die Füllmethode finden Sie in der EBENEN-Palette den Bereich DECKKRAFT, klicken Sie erst auf das kleine Dreieck und schieben Sie dann den Regler auf ca. 45%.

Na, was sagen Sie jetzt, hat doch bisher alles prima geklappt. Wir haben genau den Farbton der 50er-Jahre erwischt.

4.6   Feinschliff

Als Hugo Pixel geht mir das fast immer so: Habe ich bei der Bildbearbeitung das eigentliche Ziel erreicht, fällt mir dann meistens noch was ein, um so ein Werk ein klein wenig aufzupeppen.

Was halten Sie davon, das Bild samt Rahmen geringfügig zu drehen und nach oben zu verschieben? Dann wirkt es etwas lockerer.

4.6.1 Ebenen verknüpfen

Keine Angst, Sie müssen keinen Knoten in das Bild machen. Möchten wir das Bild über dem Hintergrund drehen, sind davon alle drei Ebenen betroffen. Sie einzeln identisch zu drehen, wäre nun wirklich keine Lösung. Wir müssen damit beginnen, die Ebenen zu verbinden.

☑ Sie markieren in der EBENEN-Palette zuerst die Ebene *Rahmen*.

☑ Dann klicken Sie in das leere Kästchen links vom Vorschaubild bei den Ebenen *Portrait* und *Rahmen Kopie*.

Danach sind die beiden oberen Ebenen wie in Bild 4.17 mit dem Verknüpfungssymbol gekennzeichnet, das aussieht wie drei Kettenglieder. So ist eine gemeinsame Bearbeitung realisierbar.

Bild 4.17:
Bei einer Verknüpfung werden die verbundenen Ebenen mit einem Verknüpfungssymbol gekennzeichnet

4.6.2 Ebene transformieren

Auch die Bezeichnung *Transformieren* ist für Sie eventuell noch gewöhnungsbedürftig. Alles, was mit einem Objekt angestellt werden kann, wie SKALIEREN, DREHEN, NEIGEN, VERZERREN, PERSPEKTIVISCH VERZERREN, HORIZONTAL SPIEGELN und VERTIKAL SPIEGELN, wird unter diesem Begriff zusammengefasst. Für alle diese Funktionen finden Sie ein geeignetes Menü, BEARBEITEN ▸ TRANSFORMIEREN, und dann ein Untermenü.

Es geht aber bei unserem Beispiel auch einfacher. Die drei Ebenen sind in der geöffneten Datei mit einem Begrenzungsrahmen mit acht Griffpunkten gekennzeichnet.

☑ Bewegen Sie den Mauszeiger außerhalb des rechten, oberen Griffpunktes, bis der Mauszeiger als ein gebogener Doppelpfeil dargestellt wird. (Wenn Sie das heute zum ersten Mal machen, kann das leicht zu einem Geduldspiel ausarten, es funktioniert aber wirklich so.)

☑ Dann ziehen Sie mit gedrückter Maustaste etwas nach rechts unten. Hat das Bild die gewünschte Drehung erreicht, bestätigen Sie mit der ⌨-Taste.

Ist alles zu Ihrer Zufriedenheit ausgefallen, brauchen wir auch nicht mehr die unter 4.6.2 erzeugte Verknüpfung. Da ist es angebracht, wenn ich Ihnen verrate, wie Sie diese wieder aufheben.

☑ Klicken Sie dafür auf die beiden Verknüpfungssymbole in der EBENEN-Palette.

4.6.3   Schatten hinzufügen

Mit einem Schatten wollen wir unsere gemeinsame Arbeit abrunden. In den ersten Versionen von *Photoshop* war da noch viel Handarbeit angesagt, in der neuen Version 7.0 geht es viel bequemer.

☑ Markieren Sie in der EBENEN-Palette die Ebene *Rahmen*, dann klicken Sie ebenfalls in der EBENEN-Palette ganz unten auf die ganz links angeordnete Schaltfläche mit der Bezeichnung EBENENEFFEKT HINZUFÜGEN.

☑ In dem sich öffnenden Menü wählen Sie den Eintrag SCHLAGSCHATTEN.

Bild 4.18:
So aktivieren Sie
den Ebeneneffekt

Es öffnet sich das Dialogfenster EBENENSTIL mit der zuvor gewählten Kategorie SCHLAGSCHATTEN. Um den Schatten unseren Wünschen anzupassen, gibt es eine Menge einzustellen.

Bild 4.19:
Ein Ausschnitt aus
dem Dialogfenster
EBENENSTIL, hier sehen
Sie die Einstellungen
für den SCHLAGSCHATTEN

☑ Zuerst schieben Sie das Dialogfenster etwas zur Seite, damit Sie noch etwas von dem geöffneten Bild sehen.

☑ Verschieben Sie nun die Regler nach Lust und Laune und beachten Sie die Änderungen in der geöffneten Datei. So lernen Sie am besten, wie Sie den richtigen Schatten einstellen.

☑ Nach der Übung können Sie dann meine Einstellungen für die Struktur aus Bild 4.19 übernehmen: FÜLLMETHODE Multiplizieren, DECKKRAFT 56%, WINKEL 120°, DISTANZ 30Px, ÜBERFÜLLEN 2% und GRÖSSE 10Px. Der Rest bleibt unverändert. Bestätigen können Sie mit der Schaltfläche OK oder der ⏎-Taste.

Damit ist unser erstes gemeinsames Werk vollendet, es kann sich sehen lassen. Zeigen Sie so ein Bild Ihren Bekannten oder Verwandten, dann kommt garantiert die Frage: „Oh, wie hast Du das gemacht?" Aber das bleibt unser Geheimnis.

Bild 4.20:
Das Resultat
unserer Bemühungen

Unser Schwarz-Weiß-Hintergrund passt vortrefflich zu dem Bild in „Chamois". Hätten Sie aber lieber einen farbigen Hintergrund, dann markieren Sie den *Hintergrund* und rufen BILD ⬥ EINSTELLUNGEN ⬥ FARBBALANCE auf, hier verschieben Sie die Regler, bis der ge-

wünschte Farbton erreicht ist. Sie erinnern sich: Sie haben in diesem Kapitel im Abschnitt 4.5 schon einmal damit gearbeitet.

4.7 Bild speichern

Grundsätzlich möchte ich Ihnen empfehlen, Ihre Bilder in dem
Standardformat *.psd* von *Photoshop* zu speichern. Dabei bleiben
alle Ebenen und sonstigen Einstellungen erhalten, auf die Sie
dann auch zu einem späteren Zeitpunkt wieder zugreifen können.
Kleiner Nachteil: Wegen all der Informationen, die mit dem Bild
gespeichert werden, fällt die Dateigröße etwas umfangreicher aus.
Bei den heute üblichen Festplattengrößen von 60 GB und mehr
dürfte das aber kein Problem darstellen.

☑ DATEI • SPEICHERN UNTER bringt Sie in das Dialogfenster, suchen
  Sie auf der Festplatte einen Ordner Ihrer Wahl, tragen einen
  geeigneten Dateinamen ein und wählen als FORMAT die Voreinstellung *Photoshop (*.psd; *.pdd)*.

Soll das Bild aber z. B. von einem Freund oder Bekannten auf
dessen PC geöffnet werden und er hat außerdem kein *Photoshop*
auf seinem Rechner, sieht die Sache etwas anders aus.

☐ Erste Möglichkeit: Ihr Freund gibt Ihnen die Information, ob
  sein Bildbearbeitungsprogramm das *Photoshop*-Format unterstützt. Dann müssen Sie nichts ändern und geben das Bild als
  *.psd-Datei weiter. Einige Programme, wie z. B. *Corel Photo
  Paint*, unterstützen dieses Format; selbst die Bearbeitung der
  einzelnen Ebenen bleibt weiterhin erhalten.
☐ Zweite Möglichkeit: Das Programm Ihres Freundes kann mit
  dem *Photoshop*-Format absolut nichts anfangen. Dann empfehle ich Ihnen, das Dateiformat **.tiff* zu verwenden. Es arbeitet
  verlustfrei und wird von allen anderen Bildbearbeitungsprogrammen erkannt.

Für den Einsatz im Internet helfen Ihnen diese beiden Formate
auch nicht weiter. Hier kommt dann **.jpg* oder **.gif* in Frage, damit
beschäftigen wir uns noch ausführlich in einem späteren Kapitel.

Rechtzeitig speichern

In diesem Kapitel haben wir unser Bild erst am Ende der Arbeit gespeichert. Bei Ihrem täglichen Umgang mit *Photoshop* sollten Sie im Gegensatz zu unserem Beispiel vom ersten Moment an speichern. Im Laufe der Arbeit klicken Sie dann öfters mal auf DATEI ◆ SPEICHERN oder verwenden die Tastenkombination (Strg)+(S). Sollte *Photoshop* mal abstürzen, dann sind Sie auf der sicheren Seite. Andernfalls ist Ihre bisherige Arbeit unwiderruflich verloren.

Sollten Sie sich schon die ganze Zeit fragen, wer eigentlich die hübsche Frau auf diesem Photo ist: Es ist nicht Frau Pixel, sondern ein Bild aus der *Corel Mega Gallery*, das ich mit der freundlichen Genehmigung der *Corel Corp. Ottawa* nutzen durfte.

Das war nun Bildbearbeitung, wie im richtigen Leben. Wir hatten ein Ziel vor Augen und haben nach Funktionen gesucht, die unsere Vorstellungen visualisieren. Dabei mussten wir feststellen, nicht alles verlief auf Anhieb nach Wunsch. Hin und wieder waren wir gezwungen, nach anderen Lösungen zu suchen.

Nun haben Sie eine ganze Menge gelernt, der Umgang mit den Ebenen funktioniert schon ganz gut. Das Färben eines Bildes ist jetzt auch kein Rätsel mehr für Sie. Nicht zu vergessen: Wie ein Objekt gezackte Ränder erhält und wie man einen Schatten hinzufügt, wissen Sie nun auch. Hoffentlich hatten Sie dabei so viel Spaß wie ich.

5 Bilder korrigieren

An den eigenen Bildern gibt es fast immer was zu meckern: zu hell, zu dunkel, zu wenig Kontrast usw. Vieles davon können Sie mit *Photoshop* ganz hervorragend korrigieren, erwarten Sie dabei aber keine Wunder.

Sie machen Bekanntschaft mit
☐ Histogrammen – damit beurteilen wir die Bilder,
☐ der Tonwertkorrektur – hilft bei verschiedenen Problemen,
☐ Helligkeit und Kontrast – das ideale Hilfsmittel für flaue Bilder,
☐ Farbe ersetzen – neue Farben ohne eine Auswahl,
☐ Farbbalance – ein komplett neuer Farbton und
☐ unscharf maskieren – so werden Bilder wieder scharf.

Am Anfang eine wichtige Mitteilung: Es gibt in keinem Bildbearbeitungsprogramm einen Menüpunkt: „Mach aus meinem Photo ein preisgekröntes Werk". Auch in *Photoshop* suchen Sie ihn vergebens. Jede Optimierung eines Bildes ist mühselige Arbeit, mit mehreren Funktionen und einem oft ungewissen Ausgang.

Warum schreibe ich das? Um von Beginn an eine nicht zu große Erwartungshaltung aufkommen zu lassen. Natürlich können Sie bei Ihren Bildern den Tonwert ändern, den Kontrast erhöhen oder verringern, die Farbe beeinflussen und Schärfe hinzufügen. Aber ein wirklich schlechtes Bild ist nach all den Versuchen meistens immer noch ein schlechtes Bild.

Interessiert Sie es vielleicht, was ich, Hugo Pixel, mit nicht so ganz gelungenen Photos mache? Ich spare mir die Mühe und Zeit für die Optimierungsversuche, schmeiße das Bild in den Papierkorb und suche mir ein Neues.

Doch genug der vielen Worte, wir laden ein Photo und schauen dann mal, was *Photoshop* für die Bildkorrektur so im Angebot hat.

5.1 Histogramm

Ohne in allzu viel Technogeschwafel abzugleiten: Hier wird Ihnen mittels Diagramm die Verteilung der Tonwerte oder Helligkeitsstufen von 0 (Schattenregionen) bis 255 (Helligkeitsregionen) dargestellt. Ein Bild sagt mehr als tausend Worte, deshalb laden wir ein Photo und lassen uns das HISTOGRAMM anzeigen.

☑ Laden Sie von der CD die Datei *Panorama1.psd* aus dem Ordner *Bildmaterial\Kapitel 05*.

Das Bild ist flau, zeigt keine reinen schwarzen Bereiche und die hellen Bereich lassen auch zu wünschen übrig. Außerdem ist zu wenig Kontrast vorhanden. Es sieht aus, als wäre das Photo im Novembernebel entstanden, tatsächlich wurde es im Juni bei klarem Wetter fotografiert.

☑ Rufen Sie BILD ◆ HISTOGRAMM auf.

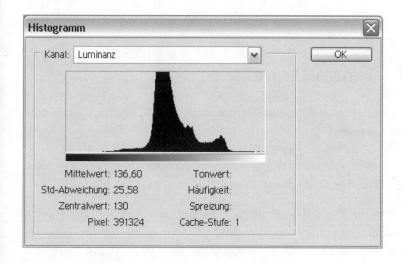

Bild 5.1:
Hier erkennen Sie die fehlenden schwarzen und weißen Bildbereiche vor der Korrektur

Das Diagramm im Dialogfenster wie in Bild 5.1 zeigt uns in der Mitte eine riesige Säule, am rechten Rand wird nichts angezeigt. Das bedeutet, es sind keine rein weißen Pixel vorhanden. Genauso sieht es am linken Rand aus, auch da ist die Kurve ganz flach, was auf die fehlenden schwarzen Pixel hinweist. Hier können Sie nichts verstellen, sondern nur beurteilen, aber das gleiche Diagramm wird uns an anderer Stelle gleich wieder begegnen.

Photoshop bietet mehrere Funktionen an, um dieses Bild zu verbessern. Besonders den nicht versierten Anwendern möchte ich empfehlen, bei Bildern dieser Art es immer erst mit der TONWERTKORREKTUR zu versuchen. Damit erhalten Sie am ehesten ein Erfolgserlebnis.

Bildkorrekturen nur an einer Kopie

Es ist immer von Vorteil, eine Bildkorrektur nicht direkt am Original vorzunehmen, sondern nur an einer Kopie. Dafür führen Sie BILD ◆ BILD DUPLIZIEREN aus. Fazit: Dadurch bleibt das Original geschützt, an der Kopie können Sie ohne Risiko experimentieren.

5.2 Tonwertkorrektur

Für meine eben aufgestellte Behauptung werde ich nun auch den Beweis antreten.

☑ Über BILD ◆ EINSTELLUNGEN ◆ TONWERTKORREKTUR öffnen Sie das gleichnamige Dialogfenster.

Nun erhalten wir das identische Diagramm, wie es im HISTOGRAMM im Bild 5.1 zu sehen war. Diesmal nutzen wir es für die Einstellungen. Direkt unter dem Diagramm sind drei kleine Dreiecke angeordnet.

☐ Schwarzes Dreieck: Sie verändern die dunklen Bereiche im Bild (in der Fachsprache wird ein neuer Schwarzpunkt gesetzt).

☐ Weißes Dreieck: ist verantwortlich für die hellen Bildbereiche, (man setzt einen neuen Weißpunkt).

☐ Graues Dreieck: Damit beeinflussen Sie die mittleren Grautöne (wird als Gammawert bezeichnet).

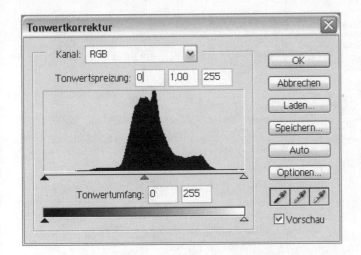

☑ Schieben Sie mit gedrückter Maustaste das schwarze Dreieck nach rechts zur Mitte hin. Orientieren Sie sich dabei am geöffneten Bild. Änderungen werden dort sofort angezeigt.

☑ Das weiße Dreieck schieben Sie mit gedrückter Maustaste nach links in Richtung Mitte. Sind Sie mit den Korrekturen zufrieden, werden die Einstellungen mit OK zugewiesen.

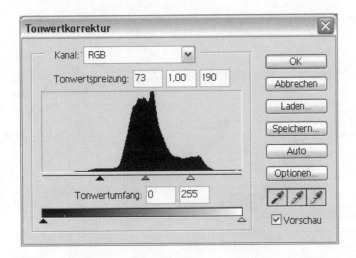

Bild 5.3:
Die Einstellungen
für die Bildkorrektur

Kommen Sie bei der Beurteilung zu einem anderen Ergebnis, verwenden Sie einfach Ihre eigenen Einstellungen.

Bild 5.4:
Links sehen Sie das
Original und rechts
die Korrektur

Nach den Änderungen ergibt sich eine gute Gelegenheit, noch einmal das HISTOGRAMM aufzurufen und zu erkunden, was *Photoshop* uns jetzt anzeigt.

☑ Mit BILD ◆ HISTOGRAMM bringen Sie das Fenster auf die Oberfläche.

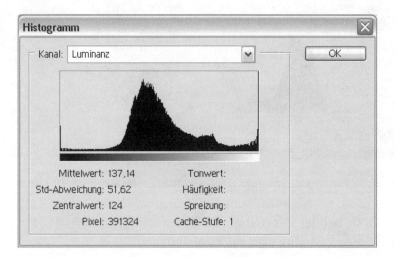

Dank der vorgenommenen Tonwertspreizung sind wieder alle 256 Tonwerte enthalten.

Nach dieser Aktion taucht für den nicht so versierten Anwender die Frage auf: „Soll ich in Zukunft jedes Bild durch das HISTOGRAMM jagen und dann Änderungen mit der TONWERTKORREKTUR vornehmen?". Nein, beschränken Sie sich auf die Bilder, bei denen offensichtliche Mängel erkennbar sind. Gelungene Aufnahmen müssen Sie nicht dieser Prozedur unterziehen.

Ist Ihnen das alles zu viel Arbeit, gibt es auch einen Menüpunkt für die ganz schnelle Tonwertkorrektur, die aber nicht so präzise arbeitet. Sie erreichen den Befehl über BILD ◆ EINSTELLUNGEN ◆ AUTO-TONWERTKORREKTUR.

Histogramm

Bitte kommen Sie nicht auf die Idee, das HISTOGRAMM als allgemein gültigen Maßstab für all Ihre Bilder zu nutzen und anschließend mit der TONWERTKORREKTUR vermeintlich zu optimieren. Besonders bei stimmungsvollen Bildern, wie z. B. einem Sonnenuntergang, würde diese Methode Ihr Bild nicht verbessern, sondern eher verschlechtern.

5.3 Farbton ändern mit Tonwertkorrektur

Selbst der Farbton eines Bildes lässt sich mit der TONWERTKORREKTUR verändern.

☑ Öffnen Sie mit BILD ◆ EINSTELLUNGEN ◆ TONWERTKORREKTUR noch einmal das gleichnamige Dialogfenster.

☑ Im Bereich KANAL wählen Sie z. B. ROT und verschieben zum Experimentieren die drei kleinen Dreiecke.

Der Rest ist selbsterklärend, da Sie ja die farbliche Veränderung sofort im Bild erkennen. Damit wird es möglich, einen vorhandenen Farbstich zu entfernen oder bewusst einen anderen Farbton hinzuzufügen.

5.4   Helligkeit und Kontrast

Wird eine Bildkorrektur notwendig, ist dabei meistens die Helligkeit und der Kontrast eines Bildes betroffen. Dafür gibt es dann auch eine geeignete Funktion, die Sie gezielt einsetzen können. Das kontrollieren wir wieder mit einem Praxisbeispiel.

☑ Laden Sie von der CD die Datei *Landschaft1.psd* aus dem Ordner *Bildmaterial\Kapitel 05*.

☑ Rufen Sie BILD ◆ EINSTELLUNGEN ◆ HELLIGKEIT/KONTRAST auf.

☑ Im Dialogfenster aktivieren Sie das Kontrollfeld für VORSCHAU und schieben den Regler für HELLIGKEIT auf +17 und für KONTRAST auf +23. Bestätigen Sie mit der Schaltfläche OK oder mit der ⏎-Taste.

Bild 5.6:
Diese Funktion ist oft
die Lösung, wenn das
Bild etwas flau wirkt

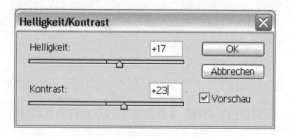

Selbst die Stimmung eines Photos kann durch Veränderung der Helligkeit und des Kontrastes ganz gezielt geändert werden. Nach der Änderung erstrahlt unser Beispielbild im untergehenden Sonnenlicht.

Landschaft1.psd bei 66,7% (Ebene 1, RGB)

5.5 Farbe ersetzen

Eine richtig nette Spielerei ist der Menüpunkt FARBE ERSETZEN. Hier wird es Ihnen einfach gemacht, per Dialogfenster Farben in einem Bild mit einer anderen Farbe zu ersetzen. Das Erstaunliche dabei, Sie müssen vorher keine Auswahl treffen. In unserem Beispiel ist einer gelber Schmetterling zu sehen.

☑ Laden Sie von der CD das Bild *Schmetterling1.psd* aus dem Ordner *Bildmaterial\Kapitel 05*.

☑ Holen Sie mit BILD • EINSTELLUNGEN • FARBE ERSETZEN das folgende Dialogfenster auf die Oberfläche.

Bild 5.8:
Farben in einem Bild
zu ersetzen wird damit
recht einfach gelöst

Im Dialogfenster FARBE ERSETZEN arbeiten Sie mit der hier aufgeführten Reihenfolge.

☑ Aktivieren Sie das Kontrollkästchen für die VORSCHAU, so sehen
Sie sofort die Änderungen im Bild.

Es sind drei Schaltflächen mit einem Pipettensymbol zu erkennen.

☑ Klicken Sie auf die linke Schaltfläche. Mit dem veränderten
Mauszeiger klicken Sie im geöffneten Bild auf einen gelben
Farbbereich. Die Regler verschieben Sie auf die folgenden
Werte: FARBTON −45, SÄTTIGUNG +41 und HELLIGKEIT 0. (Achtung,
noch nicht zuweisen!)

Sind noch nicht alle gelben Bereiche mit der neuen, roten Farbe
gefärbt, müssen Sie noch Folgendes erledigen.

☑ Sie klicken jetzt auf die mittlere Schaltfläche mit dem Pipettensymbol und dem +-Zeichen. Mit dem wieder veränderten Mauszeiger klicken Sie im Bild auf die noch nicht gefärbten gelben

Stellen. Ist alles zu Ihrer Zufriedenheit ausgefallen, weisen Sie mit der 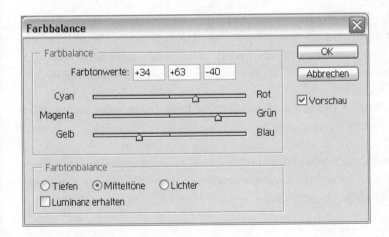-Taste zu.

Wenn Sie daran etwas Spaß gefunden haben, experimentieren Sie doch gleich mit eigenen Bildern.

5.6   Farbbalance

Soll im gesamten Bild ein Farbton leicht verändert werden oder ein völlig neuer Farbton zum Einsatz kommen, ist die FARBBALANCE die richtige Wahl. Wir probieren das wieder mit einem Bild aus.

☑ Laden Sie von der CD das Bild *Tropfen1.psd* aus dem Ordner *Bildmaterial\Kapitel 05*.

☑ Rufen Sie BILD ◆ EINSTELLUNGEN ◆ FARBBALANCE auf und verschieben Sie im Dialogfenster die Regler nach Belieben, bis der gewünschte Farbton im Bild erscheint. (Vorausgesetzt, das Kontrollkästchen für VORSCHAU ist aktiviert.)

Bild 5.9:
Farben im Bild ändern mit der FARBBALANCE

Je nach Ausgangsbild kann es schon vorkommen, dass trotz aller Versuche der neue Farbton nicht ganz nach Wunsch ausfällt, dann hilft vielleicht der folgende Tipp:

Neuer Farbton

Soll ein Photo einen neuen, einheitlichen Farbton erhalten, fällt das Ergebnis besser aus, wenn Sie vorher über BILD ◆ EINSTELLUNGEN ◆ SÄTTIGUNG VERRINGERN die Farbe entfernen. Danach erhalten Sie mit der Funktion FARBBALANCE kräftigere und leuchtendere Farben.

5.7　Unscharf maskieren

Nicht selten müssen Sie sich mit einem unscharfen Bild herumschlagen. Denkbar ist eine Unschärfe bei der Aufnahme, beim Scannen ist ebenfalls ein unscharfes Ergebnis möglich.

Unschärfe kann aber auch bei der Neuberechnung eines Bildes auftreten, wenn Sie die Bildmaße ändern.

Hier empfehle ich Ihnen die Funktion UNSCHARF MASKIEREN. Dieser Filter erlaubt Ihnen individuelle Einstellungen und bringt Resultate, mit denen Sie zufrieden sind. Lassen Sie sich nicht von der Bezeichnung „Unscharf" irritieren, das Bild wird damit schärfer.

☑ Mit DATEI ◆ ÖFFNEN suchen Sie am besten ein unscharfes Bild aus Ihrem eigenen Fundus.

☑ Über FILTER ◆ SCHARFZEICHNUNGSFILTER ◆ UNSCHARF MASKIEREN öffnet sich das gesuchte Dialogfenster. Aktivieren Sie das Kontrollkästchen für VORSCHAU.

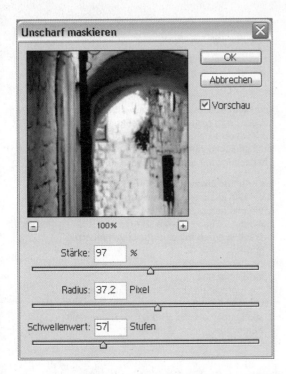

Die Einstellungsmöglichkeiten in der Übersicht:

☐ STÄRKE: Mit dem Regler legen Sie einen Prozentwert fest. Je höher der Wert, umso stärker wirkt sich der Effekt aus.

☐ RADIUS: Je nach Bildauflösung stellen Sie den Radius ein. Für ein Bild mit 72 DPI verwenden Sie einen geringeren Wert, bei einer Bildauflösung von 300 DPI einen entsprechenden größeren Radius.

☐ SCHWELLENWERT: Hier stellen Sie ein, welcher Kontrast zwischen benachbarten Pixeln erforderlich ist, um eine Kontur scharfzustellen.

Sie ahnen es sicherlich schon, auch für diesen Filter gibt es keine allgemein gültigen Einstellungen, nur durch Experimentieren gelangen Sie ans Ziel.

Was machen Sie jetzt eigentlich? Ich werde, bevor Frau Pixel mich zum Abendessen ruft, einige Bilder laden und mit den hier vorgestellten Funktionen noch etwas üben. Denn eines weiß ich aus Erfahrung, bei der Bildbearbeitung ist das alte Sprichwort „Nur Übung macht den Meister" absolut zutreffend.

6 Drei in eins

In diesem Kapitel praktizieren wir Bildmontage
mit der „echt einfach"-Methode, kein komplizier-
tes Ausschneiden von Elementen oder andere
knifflige Funktionen. Wir arbeiten mit einfachem
Überblenden mit echt großer Wirkung.

Sie erfahren etwas darüber, wie Sie
- ein Bild in ein anderes einsetzen,
- ein Bild horizontal spiegeln,
- mit einer Ebenenmaske überblenden,
- Transparenzen mit dem Radiergummi erzeugen,
- eine Ebene löschen,
- ein Bild skalieren,
- die *Hintergrund*-Ebene in eine normale Ebene
  umwandeln und
- alle Ebenen auf die *Hintergrund*-Ebene reduzieren.

Im vorherigen Kapitel ging es bei der Bildkorrektur ja mehr um
Standardfunktionen, diesmal wollen wir wieder ein bisschen kreativ agieren.

Hoffentlich haben Sie *Photoshop 7* nicht nur zur Bildoptimierung
gekauft, das wäre dann so, als wollten Sie eine Fliege mit einer
Bombe töten. Schließlich kann *Photoshop* eine ganze Menge mehr,
ein klein wenig davon erkunden wir hier.

Gleich an zwei Praxisbeispielen zeige ich Ihnen, wie so was funktioniert.

6.1   Bildauswahl treffen

Bei einer Bildmontage kann es nicht schaden, sich vorher Gedanken zu machen, welche Bilder Sie zu welchem Thema einsetzen
möchten. Man kann auch Photos aus dem eigenen Bildervorrat
wild zusammen würfeln, hin und wieder wird man dann doch mit
einem Glückstreffer belohnt.

Ganz gleich, welchen Weg Sie bevorzugen, für unser erstes Beispiel nehmen wir das Thema „Florida" und benutzen drei typische Urlaubsbilder.

☑ Laden Sie von der CD die Datei *papagei.psd* aus dem Ordner *Bildmaterial\Kapitel 06* und danach die Dateien *orangen.psd* und *epcot.psd*.

☑ Mit gedrückter Maustaste auf der TITELLEISTE schieben Sie die drei Bilder auf der Oberfläche auseinander, damit Sie freien Blick auf die drei Dateien erhalten.

6.2   Photo einsetzen

Das Bild mit dem Papagei dient uns als Ausgangsbasis, die beiden anderen Photos werden eingefügt und erhalten einen weichen Übergang. Doch schön langsam und der Reihe nach.

☑ Aktivieren Sie in der WERKZEUG-Palette das VERSCHIEBEN-WERKZEUG.

☑ Klicken Sie in das Bild *orangen.psd*, halten die ⌘-Taste gedrückt und ziehen mit gedrückter Maustaste dieses Bild in das Zielbild mit dem Papagei.

Ich will Ihnen auch verraten, warum Sie die ⌘-Taste gedrückt haben. Dank dieser gedrückten Taste gelangt das Photo zentriert ins Zielbild. Das Originalbild *orangen.psd* wird nicht weiter gebraucht, Sie können es ohne zu speichern schließen.

6.2.1   Photo horizontal spiegeln

Nach dem Einfügen kommt mir die Idee, ich möchte eine der Orangen direkt am linken Bildrand haben. Wir könnten das Bild ja beschneiden, dann ist aber der Zweig verschwunden, dies ist also auch keine Lösung. Wir versuchen etwas anderes.

☑ Führen Sie BEARBEITEN ◆ TRANSFORMIEREN ◆ HORIZONTAL SPIEGELN aus.

Das eingesetzte Bild ist gespiegelt und muss nur noch nach links verschoben werden.

☑ Mit der ←-Taste bewegen Sie das Bild nach links wie im Bild 6.1.

Bild 6.1:
Die richtige Position
des eingefügten Bildes

6.3 Überblendung mit Ebenenmaske

Den rechten Rand vom Bild mit der Orange sollen Sie nun weich überblenden. Dafür gibt es keinen direkt anwählbaren Menübefehl, *Photoshop* verlangt nach einer EBENENMASKE. Dafür brauchen wir die EBENEN-Palette.

Bild 6.2:
Ebene ohne und
mit der EBENENMASKE

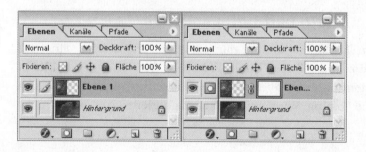

☑ Wenn in der EBENEN-Palette die *Ebene 1* nicht markiert ist (die Bezeichnung muss farbig unterlegt angezeigt werden), klicken Sie einmal auf diese Ebene.

☑ Ganz unten in der EBENEN-Palette finden Sie die Schaltfläche EBENENMASKE HINZUFÜGEN, klicken Sie hierauf.

Danach erkennen Sie in der EBENEN-Palette neben dem Vorschaubild der Ebene eine weitere Miniatur.

Nun wird es besonders für Anfänger spannend; die Ebenenmaske füllen wir mit einem Schwarz-Weiß-Farbverlauf, wobei die weißen Bereiche den Bildinhalt sichtbar lassen. Der schwarze Bereich wirkt wie eine unsichtbar machende Maske.

☑ Aktivieren Sie das VERLAUFSWERKZEUG und in der Optionsleiste wählen Sie in der Auswahlliste für Verläufe den SCHWARZ/WEISS-Verlauf. Zusätzlich aktivieren Sie die Schaltfläche für den LINEAREN VERLAUF.

Bild 6.3:
Die Optionsleiste bei aktivem Verlaufswerkzeug

☑ Mit dieser Einstellung setzen Sie den Mauszeiger an den rechten Rand des eingefügten Bildes, halten die ⌨-Taste gedrückt und ziehen mit dem Mauszeiger bis zum Rand der Orange.

Bild 6.4:
Das eingefügte Bild mit einer weichen Überblendung

Hat das bei Ihnen genauso hervorragend funktioniert wie bei mir, dann haben Sie nun einen perfekten, weichen Übergang produziert, wie im Bild 6.4 zu sehen.

Ach, da war noch im letzten Schritt die gedrückte ⌐-Taste: Damit ist Ihnen ein Verlauf in exakt gerader Linie gelungen, andernfalls wäre er vielleicht schief ausgefallen.

Das Gelernte noch mal üben

Sie ahnen es bereits selbst, wir haben da noch das geöffnete Bild *epcot.psd*. Diesem möchten wir die gleiche Behandlung zugute kommen lassen.

☑ Sie aktivieren noch einmal das VERSCHIEBEN-WERKZEUG, klicken in das geöffnete Bild *epcot.psd* und ziehen es bei gedrückter ⌐-Taste und gedrückter Maustaste in das Zielbild mit dem Papagei.

☑ Mit der ⌐-Taste schieben Sie das eingefügte Photo nach rechts. Orientieren Sie sich dabei an Bild 6.5.

Bild 6.5:
Das zweite, eingefügte
Bild an seiner
endgültigen Position

☑ In der EBENEN-Palette geben Sie der *Ebene 2* eine EBENENMASKE. Hierzu klicken Sie in der EBENEN-Palette auf die Schaltfläche EBENENMASKE HINZUFÜGEN.

☑ Wir brauchen erneut das aktive VERLAUFSWERKZEUG. In der Optionsleiste wählen Sie den SCHWARZ/WEISS-Farbverlauf und klicken auf die Schaltfläche LINEARER VERLAUF.

☑ Nun halten Sie die 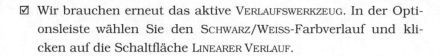-Taste gedrückt, setzen den Mauszeiger auf die Palmengruppe und ziehen mit gedrückter Maustaste bis zur Kugel des Epcot-Centers.

Sind Sie nicht auf Anhieb mit dem transparenten Verlauf zufrieden, keine Angst: Mauszeiger neu ansetzen und so oft wiederholen, bis Ihnen das Ergebnis gefällt.

Bild 6.6:
Die Belohnung für Ihre Arbeit ist eine perfekte Überblendung

Na, habe ich zuviel versprochen? Das war einfach und unser Ergebnis kann sich sehen lassen. Ich empfehle Ihnen, auf Ihrer Festplatte oder im Internet nach geeigneten Bildern zu suchen und mit dieser Technik etwas zu üben.

Dabei muss sich Ihre Experimentierfreude nicht auf drei Photos beschränken. Wenn Sie zu Beginn mit DATEI ◆ NEU eine entsprechend große Datei öffnen, können Sie eine größere Anzahl von Bildern einsetzen und überblenden. Eigentlich versteht es sich von selbst, aber vielleicht doch noch der Hinweis, dass Sie den linearen Verlauf für die Transparenz natürlich auf die gleiche Weise auch in vertikaler Richtung ausführen können. Zusätzlich sollten Sie es auch mit den anderen Verlaufsarten wie RADIALVERLAUF,

VERLAUFSWINKEL, REFLEKTIERTER VERLAUF und RAUTEVERLAUF ausprobieren.

☑ Spätestens jetzt wird es Zeit, unser Werk mit DATEI ◆ SPEICHERN UNTER auf der Festplatte zu speichern. Ich empfehle Ihnen, als Dateiformat *.psd zu wählen, dann bleiben alle Ebenen und die Ebenenmasken auch erhalten.

Ebenenmaske ändern

Selbst nach dem Speichern haben Sie bei erneutem Öffnen eines Bildes wieder Zugriff auf die EBENENMASKE. Hierzu klicken Sie in der EBENEN-Palette auf die Miniatur der EBENENMASKE und erhalten dann die Möglichkeit, mit einem neuen SCHWARZ/WEISS-Verlauf den transparenten Bildübergang nachträglich zu ändern.

6.4 Mit dem Radiergummi geht es auch

Mal sehen, ob wir eine solche weiche Bildüberblendung auch ohne Ebenenmaske hinkriegen. Ich könnte mir vorstellen, der Radiergummi leistet uns dabei gute Dienste. Ich schlage vor, wir werden das sofort testen und dann sehen, was dabei herauskommt.

6.4.1 Bilder laden

Für unser zweites Praxisbeispiel nutzen wir wieder drei Bilder, die Sie von der CD laden. Alternativ können Sie auch gleich mit Ihren eigenen Photos arbeiten.

☑ Laden Sie von der CD die Dateien *cablecar.psd*, *hollywood.psd* und *woman01.psd* aus dem Ordner *Bildmaterial\Kapitel 06*. Verteilen Sie die drei Bilder auf Ihrer Arbeitsfläche.

Zuerst nehmen wir uns das Photo *cablecar.psd* vor. Der Bildinhalt soll etwas nach links verschoben werden und da taucht schon das erste Problem auf, das uns etwas Kopfschmerzen bereitet.

Ein Blick auf die EBENEN-Palette zeigt uns, dass unser Bild nur aus einer *Hintergrund*-Ebene besteht. So eine *Hintergrund*-Ebene lässt sich aber nicht einfach in der Gegend rumschieben, oder doch?

6.4.2   Hintergrundebene umwandeln

Manchmal gibt es Gründe dafür, wie bei unserem Beispiel, dass die *Hintergrund*-Ebene doch bewegt werden soll. Die Lösung ist wie fast immer echt einfach, man muss sie nur kennen.

☑ Führen Sie einen Doppelklick direkt auf den Namen HINTER-GRUND in der EBENEN-Palette aus.

Es öffnet sich ein Dialogfenster, in dem Ihnen als Ebenennamen die Bezeichnung *Ebene 0* vorgeschlagen wird;

☑ Bestätigen Sie dieses mit OK.

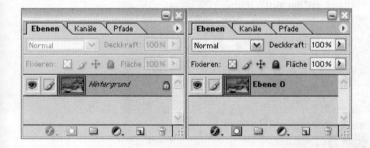

Bild 6.7:
Aus der *Hintergrund*-Ebene wird eine normale Ebene

6.4.3   Photos einsetzen und verschieben

Jetzt können wir diese *Ebene 0* nach Herzenslust hin und her bewegen.

☑ Mit der ◄-Taste schieben Sie die Ebene nach links, bis das Cablecar am linken Bildrand abschließt.

Bild 6.8:
Die richtige Position
für das erste Bild

 ☑ Aktivieren Sie das VERSCHIEBEN-WERKZEUG und klicken Sie in das Bild *hollywood.psd*. Bei gedrückter ⌥-Taste und mit gedrückter Maustaste schieben Sie dieses Photo in das Zielbild.

☑ Positionieren Sie das eingefügte Photo mit den Tasten ⌥+↑ wie in Bild 6.9 gezeigt.

Bild 6.9:
Die richtige Position
für das zweite Bild

6.4.4 Bildteile radieren

Gleich werden wir die Idee mit dem Radierer testen: Es sollen Teile des zuletzt eingefügten Bildes am linken Rand entfernt werden. Schön wäre es dann auch noch, wenn dabei ein weicher Übergang gelänge. Das Bild *hollywood.psd* brauchen wir nicht mehr, Sie können es jetzt schließen.

☑ Aktivieren Sie in der WERKZEUG-Palette das Werkzeug RA-
DIERGUMMI.

Für den RADIERGUMMI stehen verschiedene Pinselformen in der Optionsleiste zur Verfügung. Das sollte uns hoffnungsvoll stimmen.

☑ Klicken Sie in der Optionsleiste neben dem Wort PINSEL auf das kleine Dreieck.

☑ In dem folgenden Auswahlmenü wählen Sie eine Werkzeugspitze mit einem weichen Rand in der Größe von 200 PIXEL.

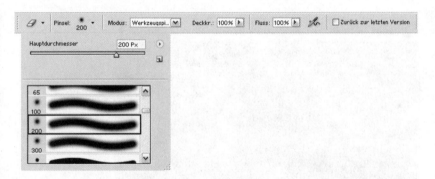

Bild 6.10:
Ein Ausschnitt aus der Optionsleiste mit der Auswahl für die Werkzeugspitzen

☑ Überzeugen Sie sich, dass in der EBENEN-Palette die *Ebene 1* ausgewählt ist. Andernfalls klicken Sie auf den Namen.

☑ Mit dem veränderten Mauszeiger rücken Sie dem Bild zu Leibe. Beachten Sie dabei, dass Sie nur auf den linken Bildrand des eingefügten Photos klicken und das nur mit dem Rand der Werkzeugform.

Sollten Sie das heute zum ersten Mal probieren, dann könnte das, ganz salopp ausgedrückt, „in die Hose gehen". Hier hilft nur praktisches Üben, bis Sie ein Gefühl für das Klicken mit dem Werkzeug erhalten. Möchten Sie den Vorgang noch einmal wiederholen, verfahren Sie wie folgt.

Ebene löschen

☑ Für die eventuelle Wiederholung ziehen Sie in der EBENEN-Palette die *Ebene 1* mit gedrückter Maustaste auf die Schaltfläche EBENE LÖSCHEN, sie ist mit dem Papierkorb gekennzeichnet.

☑ Danach laden Sie das Bild *hollywood.psd* erneut und versuchen es noch einmal.

Hat bei Ihnen alles funktioniert, erkennen Sie, dass dank der gewählten Werkzeugspitze und -größe sehr weiche, individuelle Übergänge zu realisieren sind.

Bild 6.11:
So sollte Ihre
Überblendung jetzt
auch aussehen

6.4.5 ... und noch einmal

Es wartet noch das Bild *woman01.psd* auf seinen Einsatz. Wie Sie gleich feststellen werden, erwartet uns eine besondere Situation. Das Photo *woman01.psd* ist in den Maßen zu groß für das Zielbild, wir müssen es passend skalieren. Das erledigen wir aber erst nach dem Einfügen.

☑ Mit aktivem VERSCHIEBEN-WERKZEUG klicken Sie in das Bild *woman01.psd.* Bei gedrückter ⌘-Taste und gedrückter Maustaste schieben Sie es in das Zielbild.

Das Photo wurde dank der gedrückten ⌘-Taste in der Bildmitte angeordnet. Hier soll es nun über die Eckpunkte des Begrenzungsrahmens verkleinert werden. In der jetzigen Ansicht sind die Eckpunkte aber nicht sichtbar. Also reduzieren wir erst die Ansicht und skalieren dann.

☑ Aktivieren Sie in der WERKZEUG-Palette das ZOOM-WERKZEUG, halten die ⌥-Taste gedrückt und klicken zweimal in das Bild, die Ansicht wird dadurch reduziert. Alternativ können Sie dazu auch die Tastenkombination Strg+⌐ verwenden.

☑ Wechseln Sie wieder zum VERSCHIEBEN-WERKZEUG, jetzt wird der Begrenzungsrahmen mit den acht Punkten angezeigt.

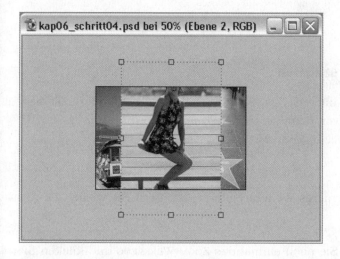

Bild 6.12:
Dank reduzierter Ansicht wird der Begrenzungsrahmen komplett angezeigt – vor dem Skalieren

Hier gibt es wieder etwas Besonderes zu berücksichtigen. Wir möchten das Bild proportional skalieren, also nicht stauchen oder dehnen. Mit anderen Worten, das Seitenverhältnis soll erhalten bleiben. Das gelingt Ihnen nur, wenn Sie den nächsten Schritt ganz genau beachten.

☑ Halten Sie gleichzeitig die Tasten ⌘+⌥ gedrückt und ziehen Sie mit gedrückter Maustaste einen der Eckpunkte in Richtung Bildmitte, bis die hübsche Frau komplett auf der Bildfläche zu sehen ist. Orientieren Sie sich dabei am Bild 6.13. Bestätigen Sie die Skalierung mit der ⏎-Taste.

Bild 6.13:
So weit verkleinern
Sie das Bild mit dem
Begrenzungsrahmen

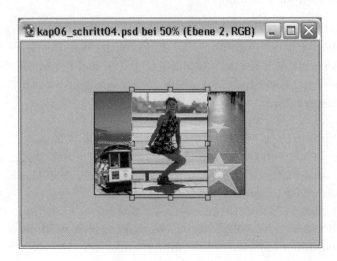

Proportional Skalieren

Soll beim Skalieren das Seitenverhältnis unverändert bleiben, dann immer vor dem Verschieben der Eckpunkte die Tasten ⌘ und ⌥ gleichzeitig gedrückt halten.

Für ein bequemeres Weiterarbeiten vergrößern Sie wieder die Ansicht.

☑ Aktivieren Sie noch einmal das ZOOM-WERKZEUG und klicken Sie in der Optionsleiste auf die Schaltfläche TATSÄCHLICHE PIXEL.

Bild 6.14:
Die Schaltfläche
TATSÄCHLICHE PIXEL bei
aktivem ZOOM-WERKZEUG

Der Rest ist eine nahezu exakte Wiederholung von Abschnitt 6.4.4, dort lesen Sie bitte noch einmal nach, wie der Radiergummi mit der geeigneten Werkzeugspitze ausgestattet wird.

☑ Diesmal wählen Sie aber im Auswahlmenü WERKZEUGSPITZEN eine Werkzeugspitze mit weichem Rand in einer Größe von 100 Pixel. Damit gestalten Sie den rechten und linken Rand des eingefügten Bildes transparent.

Bild 6.15:
Ein ähnliches Resultat sollte jetzt auch auf Ihrem Bildschirm zu sehen sein

Sie kennen das ja schon, zum Ende eines Kapitels mache ich mir immer Gedanken, was Sie und ich gelernt haben. Wir beherrschen nun zwei einfache Methoden, mit denen uns perfekte Photomontagen gelingen. Mal ehrlich, wenn Sie die Bilder von Ihrem letzten Urlaub so montieren, dann gibt es doch im Freundeskreis echte Bewunderung und vielleicht auch ein bisschen Neid dazu.

Halt, auch das ist nicht neu, ich habe da ja noch was vergessen. Das machen wir jetzt noch schnell und dann ist wirklich Schluss mit diesem Kapitel.

6.5 Auf Hintergrundebene reduzieren

Bei der ersten Methode mit der EBENENMASKE haben Sie die Möglichkeit, auch nach dem Speichern und dem erneuten Öffnen den Verlauf immer wieder neu zu gestalten.

Die Transparenz mit dem RADIERGUMMI ist dagegen endgültig. Es ist also höchst unwahrscheinlich, dass Sie eine der Ebenen zu einem späteren Zeitpunkt noch einmal für einen anderen Zweck wieder verwenden. Es spricht deshalb nichts dagegen, alle vorhandenen Ebenen auf die *Hintergrund*-Ebene zu reduzieren, wofür es in *Photoshop* einen geeigneten Menüpunkt gibt.

☑ Führen Sie EBENE ◆ AUF HINTERGRUNDEBENE REDUZIEREN aus.

Fertig, Sie haben sich eine Tasse Kaffee verdient oder etwas anderes Flüssiges. Ich habe Glück, Frau Pixel bringt mir gerade einen Cappuccino.

7 Ganz ohne Schere

Fragt man neue *Photoshop*-Besitzer, was sie mit der Software so anstellen möchten, ist zweifelsfrei eine der meistgenannten Antworten: „Bildelemente aus einem Photo ausschneiden".

Wahrscheinlich weiß keiner, dass diese Aufgabe zu den schwierigsten gehört. Doch entsprechend einem bekannten Ausspruch: „Schau'n mer mal".

In diesem Kapitel arbeiten Sie mit
☐ dem ZAUBERSTAB,
☐ dem MAGNETISCHEN LASSO und
☐ der Funktion EXTRAHIEREN.

Mir selbst ging es früher auch nicht anders, irgendwo habe ich auf einer Titelseite eines Hochglanzmagazins ein perfekt ausgeschnittenes Model gesehen und das noch mit wehenden Haaren. Prima, dachte ich und erwartete in der Bildbearbeitungssoftware eine entsprechende Funktion, die diese Freistellung per Mausklick für mich erledigt. Fehlanzeige, da waren eine Menge von Werkzeugen, mit denen ich versuchte, zum Ziel zu gelangen, leider mit einem ernüchternden Ergebnis.

Heute weiß ich, dass Agenturen meistens mit einer sehr teuren Spezialsoftware stundenlang an solchen perfekten Freistellungen arbeiten. Sehr oft erfolgt schon die Aufnahme im Hinblick auf eine spätere Freistellung vor einem einfarbigen Hintergrund.

Gerade bei diesem Thema sollten Sie als Amateur den Unterschied zur professionellen Arbeit anerkennen und akzeptieren. Sie fahren ja schließlich auch nicht Fahrrad wie Lance Armstrong.

Trotz dieser Tatsachen werden wir gemeinsam versuchen, auch in diesem Kapitel vorzeigbare Ergebnisse zu produzieren.

7.1 ... nur per Mausklick

Zu Beginn machen wir es mal so einfach wie möglich. Haben wir ein Bild, bei dem das Motiv vor einem einfarbigen Hintergrund erstellt wurde und die Farbe vom Hintergrund nicht im Motiv selbst vorhanden ist, dann sind wir praktisch auf der Gewinnerstraße. Hier schaffen wir das wirklich per Mausklick.

☑ Laden Sie von der CD die Datei *Tasse.psd* aus dem Ordner *Bildmaterial\Kapitel 07*.

☑ Aktivieren Sie in der WERKZEUG-Palette das Werkzeug ZAUBERSTAB.

☑ In der Optionsleiste setzen Sie den Wert für TOLERANZ auf 10. (Bei einem höheren Wert könnten sonst Bereiche von der Tasse erfasst werden.)

Bild 7.1:
Die Optionsleiste bei aktivem Werkzeug ZAUBERSTAB

☑ Klicken Sie mit dem Werkzeug ZAUBERSTAB auf einen weißen Bereich im Bild.

Damit haben Sie alle weißen Bereiche außerhalb der Tasse ausgewählt. Fein, wenn da nicht noch die weiße Fläche zwischen Griff und Tasse wäre. Die kriegen wir auch noch.

Bild 7.2:
Die aktive Schaltfläche DER AUSWAHL HINZUFÜGEN in der Optionsleiste

☑ Aktivieren Sie in der Optionsleiste die Schaltfläche DER AUSWAHL HINZUFÜGEN. Mit dieser Einstellung klicken Sie in den Bereich zwischen Tasse und Griff.

Bild 7.3:
Alle weißen Flächen im
Bild sind ausgewählt

Jetzt sind wirklich alle weißen Bereiche im Bild ausgewählt, aber eigentlich wollen wir ja die Tasse freistellen. Dafür finden wir dann einen geeigneten Menübefehl.

☑ Führen Sie AUSWAHL ◆ AUSWAHL UMKEHREN aus.

7.1.1 Die schnelle Bildmontage

Unsere Tasse ist ausgewählt – ob das richtig funktioniert hat, lässt sich nur beurteilen, wenn wir die Tasse in ein anderes Bild einfügen. Das wollen wir gleich mal testen.

☑ Öffnen Sie dafür von der CD die Datei *Highway.psd* im Verzeichnis *Bildmaterial\Kapitel 07*.

☑ Wechseln Sie zu dem VERSCHIEBEN-WERKZEUG, klicken Sie in das Bild oder auf die Titelleiste des Photos mit der Tasse und betätigen die Tastenkombination Strg+C (damit haben Sie die Tasse in die Zwischenablage kopiert).

☑ Klicken Sie auf die Titelleiste oder direkt in das Bild mit dem Highway und drücken die Tastenkombination Strg+V.

Diesmal sehen Sie sofort, was passiert. Dank der Tastenkombination wurde die Tasse aus der Zwischenablage in das Bild eingefügt.

Bild 7.4:
Die freigestellte
Tasse im Zielbild

Fein, ich glaube, wir können mit dem Resultat zufrieden sein. Wie bereits am Anfang des Kapitels erwähnt, war dies das denkbar einfachste Beispiel für eine gelungene Auswahl. Zeit, um uns an einem etwas komplizierteren Objekt zu versuchen.

7.2   ... immer am Rand entlang

Ganz anders sieht die Sache aus, wenn der Hintergrund nicht einfarbig ist und zusätzlich helle und dunkle Stellen aufweist, dann bringt uns das vorhin verwendete Werkzeug ZAUBERSTAB nicht ans Ziel. Sehen wir mal nach, was *Photoshop* noch so im Angebot hat.

☑ Bringen Sie das Bild *Blume.psd* auf die Oberfläche. Sie finden es auf der CD im Ordner *Bildmaterial\Kapitel 07*.

 ☑ In der WERKZEUG-Palette wählen Sie das Werkzeug MAGNETISCHES LASSO.

☑ Im Bild setzen Sie den veränderten Mauszeiger auf eine beliebige Stelle am Rand der Blume und umfahren langsam den gesamten Umriss.

Dabei setzt Photoshop automatisch so genannte Befestigungspunkte. Sind Sie wieder am Ausgangspunkt angekommen, erscheint eine kreisförmige Markierung am Mauszeiger.

☑ Mit einem Mausklick oder der ⌂-Taste schließen Sie die Auswahl.

Will das Werkzeug mal nicht alle Teile erfassen oder zu viele Bereiche aus dem Hintergrund aufnehmen, können Sie bei der Fahrt um die Kante der Blume zu jedem Zeitpunkt per Mausklick eigene Befestigungspunkte setzen.

Größtmögliche Ansicht

Arbeiten Sie mit dem MAGNETISCHEN LASSO, ist es immer von Vorteil, wenn Sie die größtmögliche Ansicht einstellen. Hierzu aktivieren Sie das ZOOM-WERKZEUG und klicken Sie in der Optionsleiste auf die Schaltfläche GANZES BILD.

Bild 7.5:
Ist die Auswahl
schon perfekt oder
doch noch nicht?

So auf den ersten Blick macht unsere Auswahl einen fast perfekten Eindruck. Sollte die freigestellte Blume in ein anderes Bild eingesetzt werden mit einem vorwiegend grünen Hintergrund, haben Sie kein Problem. Ganz anders sieht es aber auf einem hellen oder andersfarbigen Hintergrund aus. Hier erkennen Sie, dass unser Auswahlwerkzeug auch grüne Pixel vom Hintergrund mit aufgenommen hat. Das kann man so akzeptieren oder auch nicht.

7.2.1 Auswahl verändern

Ich, Hugo Pixel, mag solche unsauberen Arbeiten absolut nicht, da suchen wir mal lieber nach Wegen, um das Resultat vielleicht zu verbessern. Im Menü AUSWAHL müsste doch was Geeignetes zu finden sein.

Eine Möglichkeit wäre, die Auswahl einfach zu verkleinern, damit sind dann sicherlich auch die störenden Randpixel verschwunden. Wir testen das gleich mal.

☑ Führen Sie AUSWAHL ✦ AUSWAHL VERÄNDERN ✦ VERKLEINERN aus, im Dialogfenster geben Sie einen Wert von 3 PIXEL ein.

Hier gilt es, etwas zu experimentieren, vielleicht hätte ein Wert von zwei Pixel schon ausgereicht. Was wir noch versuchen sollten ist, einer solchen reduzierten Auswahl eine weiche Kante zu verleihen.

☑ Über AUSWAHL ✦ WEICHE AUSWAHLKANTE öffnen Sie das gleichnamige Dialogfenster, auch hier setzen Sie den Wert auf 3 PIXEL.

So gefällt mir das schon besser, im Bild 7.8 sehen Sie die beiden unterschiedlichen Ergebnisse. Links oben ist die reduzierte Auswahl und rechts unten die Auswahl mit weichem Rand. Welche Variation Sie nun nutzen, entscheiden Sie von Fall zu Fall. Ausschlaggebend ist dabei immer, in welchem Zielbild Sie das ausgeschnittene Objekt einfügen.

Bild 7.8:
Die Auswahl mit hartem
und weichem Rand

7.2.2 Optionen für das Magnetische Lasso

Unser Beispielbild *Blume.psd* war für das MAGNETISCHE LASSO bestens geeignet, denn es ist ein ausreichender Kontrast zwischen Blume und Hintergrund vorhanden.

Was machen Sie bei einem Bild mit weniger Kontrast? Nicht sofort verzweifeln, sondern bei aktivem Werkzeug MAGNETISCHES LASSO in der Optionsleiste die Einstellungen ändern und einen neuen Versuch starten.

Bild 7.9:
Einstellungen für das
MAGNETISCHE LASSO

☐ Im Feld BREITE bestimmen Sie den Bereich innerhalb dessen das Werkzeug nach Kontrastunterschieden sucht.

☐ Die Prozentangabe im Feld KANTENKONTRAST ist verantwortlich, wie exakt die Kanten eines Bereichs erkannt werden. Wenn wenig Kontrastunterschiede im Bild vorkommen, verwenden Sie einen niedrigeren Wert.

☐ Mit der Eingabe im Feld FREQUENZ wird das automatische Setzen der Befestigungspunkte festgelegt.

7.3 Extrahieren – was?

Irgendwo soll es neben den Auswahlwerkzeugen noch was geben, mit dem das Ausschneiden von Objekten gelingt. Wo haben die Leute von Adobe das nur versteckt und wie heißt das eigentlich?

Hurra, ich hab's gefunden, der Name ist EXTRAHIEREN. Klingt irgendwie gefährlich und zu finden ist es im Menü FILTER. Wir lassen uns da mal überraschen.

Bevor wir die Wundertüte gemeinsam öffnen, laden Sie wieder ein Beispielbild, sonst gibt's ja nichts auszuprobieren.

☑ Öffnen Sie von der CD die Datei *Portrait02.psd* aus dem Ordner *Bildmaterial\Kapitel 07*.

☑ Jetzt kommt der große Moment, mit FILTER ◆ EXTRAHIEREN öffnen Sie das gleichnamige Dialogfenster.

Die Bezeichnung „Dialogfenster" ist leicht untertrieben, sieht eher aus wie eine komplette Programmoberfläche. Über zu wenig Schaltflächen und Einstellmöglichkeiten können wir uns auch nicht beklagen. Ich gehe mal Schritt für Schritt voran und Sie folgen mir.

☑ Aktivieren Sie zuerst das ZOOM-WERKZEUG und klicken einmal auf das Bild, damit der junge Mann formatfüllend auf der Arbeitsfläche erscheint.

☑ Wechseln Sie zu dem Werkzeug KANTENMARKER und stellen Sie rechts im Fenster im Bereich WERKZEUGOPTIONEN die PINSELGRÖSSE auf 16.

Bild 7.11:
Die Einstellungen für den KANTENMARKER

Bevor Sie nun loslegen, erst mal lesen, was wir hier eigentlich machen müssen. Mit dem Werkzeug KANTENMARKER ziehen wir eine

Linie um die Figur des jungen Mannes. Dabei gilt es, Folgendes zu beachten.

☐ Die Linie muss mit gedrückter Maustaste um die Figur herumgemalt werden und am unteren Bildrand abschließen.

☐ Sie müssen nicht ganz exakt außerhalb der Kante entlang malen, Sie können auch geringfügig direkt auf die Kante malen.

☐ Es ist nicht notwendig, dass Sie die Linie in einem Durchgang malen, lassen Sie beliebig oft die Maustaste los und setzen neu an.

☐ Beachten Sie: Der Bereich innerhalb der grünen Linie bleibt erhalten, was außerhalb der Linie liegt, wird entfernt.

☐ Sollen Problemzonen wie einzelne Haare erhalten bleiben, werden auch diese mit dem Werkzeug übermalt.

Es ist durchaus möglich, dass Sie nun alles ganz genau gelesen haben und trotzdem nicht exakt umsetzen können. Ich empfehle Ihnen, den gesamten folgenden Vorgang durchzuführen und eventuell dann später alles noch einmal mit einem Bild Ihrer Wahl zu wiederholen, bis Sie das richtige Gefühl für die Werkzeuge erhalten.

☑ Mit dem Werkzeug KANTENMARKER markieren Sie den Bereich wie in Bild 7.12 gezeigt.

Bild 7.12:
Mit dem KANTENMARKER
ummalen Sie das
gewünschte Objekt

Vergessen Sie nicht, die abstehenden Haare zu übermalen.

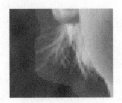 

Bild 7.13:
Die Haare müssen
Sie übermalen

☑ Wechseln Sie zu dem FÜLLWERKZEUG und klicken Sie mit dem veränderten Mauszeiger innerhalb der grünen Markierung.

Gleich kommt der Moment der Wahrheit, wir können die Arbeit beurteilen.

☑ Klicken Sie auf die Schaltfläche VORSCHAU.

Bild 7.14:
Auf den ersten Blick
ganz gut gelungen

Sieht schon recht gut aus, bei genauerem Hinsehen ist etwas Feinarbeit angesagt. An manchen Stellen erkennen wir unerwünschte Pixel, die wir noch entfernen müssen. Dafür gibt es zwei weitere Werkzeuge.

 □ Das Werkzeug KANTENVERFEINERER, geeignet für glatte Kanten wie am Hemd des Jungen.

 □ Mit dem Werkzeug BEREINIGEN entfernen Sie die restlichen störenden Pixel.

 ☑ Beim Entfernen der Pixel ist es sehr hilfreich, wenn Sie mit dem ZOOM-WERKZEUG das Bild wesentlich vergrößern und je nach Bedarf den Bildausschnitt mit dem HAND-WERKZEUG verschieben.

☑ Nutzen Sie die vier vorgestellten Werkzeuge und bereinigen Sie das Objekt von den störenden Pixeln.

Nun werden Sie sich wahrscheinlich fragen, warum Hugo Pixel Ihnen am Anfang des Kapitels erzählt hat, das sei alles so schwer und das Ergebnis nicht immer zufrieden stellend. Dabei kann man doch mit dem Resultat auf dem grauen Hintergrund durchaus glücklich werden.

Vielleicht hätten andere Autoren auf den folgenden Hinweis verzichtet, ich bin aber immer für die Realität, auch wenn sie manchmal nicht gefällt.

Bild 7.16:
Nun kommt die
Überraschung

☑ Wählen Sie rechts im Fenster im Bereich VORSCHAU im Auswahlmenü von ANZEIGEN den WEISSEN HINTERGRUND.

Was also tun? Hat das Zielphoto für dieses Objekt keine sehr hellen Flächen, können wir es so einsetzen. Andernfalls bleibt Ihnen nur übrig, noch einmal von vorne zu beginnen, dabei die Linie vielleicht anders zu zeichnen und beim späteren Bereinigen mit unterschiedlichen PINSELGRÖSSEN zu arbeiten.

Für unser Beispiel wollen wir uns mal zufrieden geben und den Arbeitsgang beenden.

☑ Klicken Sie auf die Schaltfläche OK.

Zurück auf der eigentlichen *Photoshop*-Oberfläche ist der Hintergrund in dem Bild verschwunden. Ein Blick in die EBENEN-Palette zeigt uns eine Ebene, die als *Ebene 0* gekennzeichnet ist.

7.3.1 Das richtige Zielphoto wählen

Gleich zeige ich Ihnen, dass bei dem richtigen Zielphoto unser freigestellter junger Mann auch absolut perfekt wirken kann. Sie erinnern sich, wir hatten vorhin einen grünen Hintergrund entfernt. Also suchen wir uns ein Zielbild mit ebenfalls grüner Farbe aus.

☑ Laden Sie von der CD das Bild *Girl.psd* aus dem Ordner *Bild-material\Kapitel 07.*

☑ Aktivieren Sie das VERSCHIEBEN-WERKZEUG und ziehen Sie mit gedrückter Maustaste die Ebene mit dem jungen Mann in das neue Bild. Hier positionieren Sie ihn ebenfalls mit dem VER-SCHIEBEN-WERKZEUG.

Bild 7.18:
Hurra, kein einziges
störendes Pixel mehr
zu sehen

Da gibt es nun wirklich nichts mehr zu meckern, unsere gemeinsame Arbeit hat ein Happy End gefunden. Vergessen Sie nicht, dass erfolgreiches Ausschneiden immer drei Komponenten hat: Ausgangsobjekt, Werkzeug und das Zielphoto.

Die Frage, was wir in diesem Kapitel gelernt haben, ist diesmal recht einfach zu beantworten. Objekte auszuschneiden ist mit den Bordmitteln von *Photoshop* auf jeden Fall machbar. Für ein ordentliches Ergebnis brauchen wir auch immer etwas Zeit. So ganz auf die Schnelle und nur per Mausklick funktioniert es in den meisten Fällen nicht.

8 Das Wort im Bild

Sie kennen sicherlich das Sprichwort „Ein Bild
sagt mehr als tausend Worte". Wir interpretie-
ren das für uns mal so: Ein Bild *und* ein Text
haben dann noch eine viel größere Wirkung.

In diesem Kapitel
- ☐ schreiben wir Text mit dem Textwerkzeug,
- ☐ verkrümmen den Text,
- ☐ setzen einen Effekt ein und
- ☐ weisen einen Schatten zu.

Sie finden viele Beispiele in den Printmedien, bei denen Text im
Photo für einen stärkeren Auftritt verwendet wird. Das Interesse
auf das Bild wird so zusätzlich geweckt.

Liege ich richtig mit meiner Vermutung, Sie möchten so was auch
können? *Photoshop* bietet auch für den Text geeignete Werkzeuge,
und das sind nicht wenige. Haben Sie Lust auf Text?

8.1   Wir brauchen ein Bild

Ist ja klar, wenn wir direkt auf ein Photo schreiben wollen, müssen
wir vorher eins laden. Leider macht das *Photoshop* noch nicht ganz
ohne Befehl.

☑ Holen Sie von der CD das Bild *Paris.psd* im Ordner *Bildmate-
   rial\Kapitel 08* auf die Arbeitsfläche.

Der Eiffelturm ist präsent, für Leute die nicht wissen, wo er steht,
schreiben wir noch „Paris" dazu. Möchten Sie lieber gleich mit
einem Bild Ihrer Wahl arbeiten, kein Problem, für die folgenden
Arbeitsschritte hat das keine Auswirkung.

8.2 Text schreiben

Bevor wir freudig in die Tasten hämmern, sollten wir uns vorher Gedanken machen, ob wir horizontal oder vertikal schreiben wollen. *Photoshop* hat dafür unterschiedliche Werkzeuge im Angebot und wir möchten gleich von Anfang an das richtige wählen. Ich schlage vor, bei dem vorliegenden Bildformat (Hochformat) sieht vertikal einfach besser aus.

☑ Aktivieren Sie in der WERKZEUG-Palette das VERTIKALER TEXT-WERKZEUG.

An dieser Stelle noch einmal der Hinweis, dass Sie in der WERKZEUG-Palette eine Reihe von Werkzeugen finden, die zusätzlich mit einem kleinen Dreieck gekennzeichnet sind. Dahinter verbirgt sich ein Auswahlmenü mit weiteren Werkzeugen, die zu dieser Gruppe gehören, wie in Bild 8.1 zu sehen. Wenn Sie anders als in unserem Beispiel horizontal schreiben möchten, dann ist natürlich das HORIZONTALES TEXT-WERKZEUG die richtige Wahl.

Bild 8.1:
Hinter einem kleinen Dreieck in der WERK-ZEUG-Palette sind weitere Werkzeuge versteckt

Genau in dem Moment, in dem Sie ein TEXT-WERKZEUG aktiviert haben, erhalten Sie in der Optionsleiste Einstellungsmöglichkeiten, wie der Text später aussehen soll. Da wollen wir uns mal gemeinsam durcharbeiten.

Bild 8.2:
Ausschnitt der Optionsleiste bei aktivem TEXT-WERKZEUG

☑ In der Optionsleiste wählen Sie im Auswahlmenü unter SCHRIFTFAMILIE EINSTELLEN die Schriftart ARIAL BLACK (Sie können auch eine andere Schrift nehmen), bei SCHRIFTGRAD EINSTELLEN ist die Schriftgröße gemeint, wählen Sie aus dem Menü 60 PT. Die beiden anderen Einstellungen lassen Sie auf REGULAR und SCHARF stehen.

☑ Zusätzlich aktivieren Sie die Schaltfläche für TEXT ZENTRIEREN mit einem Mausklick. Bleibt noch übrig, in das Feld TEXTFARBE zu klicken; im neuen Dialogfenster suchen Sie sich eine Farbe aus.

Gleich geht's los, doch zuvor lesen Sie bitte noch den folgenden Tipp.

Vertikaler Text

Wahrscheinlich sind Sie es von anderen Programmen gewohnt, auch bei einer vertikalen Textausrichtung nach jedem Buchstaben die Zeilenschaltung zu betätigen. Nicht so bei *Photoshop*. Ist das VERTIKALER TEXT-WERKZEUG eingeschaltet, schreiben Sie ohne Zeilenschaltung.

Klicken Sie mit dem veränderten Mauszeiger in das geöffnete Bild und schreiben Sie ohne Zeilenschaltung das Wort Paris.

Während des Schreibens ist garantiert die Schrift aus dem Bild gerutscht. Kein Problem, wir holen sie wieder zurück.

☑ Wechseln Sie zu dem VERSCHIEBEN-WERKZEUG, klicken auf den Text und ziehen ihn an die gewünschte Stelle.

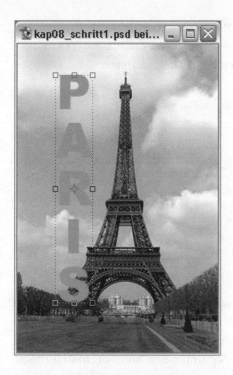

Jedes Mal, wenn Sie wieder das TEXT-WERKZEUG aktivieren, stehen Ihnen erneut alle Einstellungsmöglichkeiten in der Optionsleiste zur Verfügung. Eine Änderung der Farbe oder der Schriftgröße würde sich sofort auf den Text auswirken. Vielleicht möchten Sie einige unterschiedliche Einstellungen ausprobieren, bevor wir hier weitermachen.

8.3 Text in Form bringen

Da Sie schon seit langer Zeit in einer Textverarbeitung wie *MS Word* einen Text auf die vielfältigste Weise verzerren können, darf so was natürlich in *Photoshop* nicht fehlen. Mit dieser Funktion wollen wir unserem Wort an den Kragen.

Bild 8.5:
Rechts neben dem Feld für die Textfarbe finden Sie die Schaltfläche für TEXT VERKRÜMMEN

☑ Aktivieren Sie erneut das VERTIKALER TEXT-WERKZEUG, diesmal klicken Sie in der Optionsleiste auf die Schalfläche VERKRÜMM-TEN TEXT ERSTELLEN; es öffnet sich ein Dialogfenster.

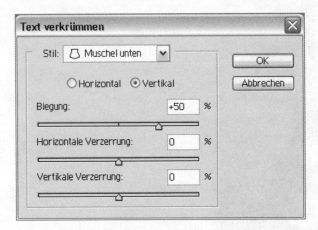

Nur zu, suchen Sie für die nächste halbe Stunde eine zusätzliche Beschäftigung, dann probieren Sie unter STIL alle Voreinstellungen aus. Stellvertretend für Sie habe ich eine geeignete Stilrichtung ausgesucht.

☑ Wählen Sie im Dialogfenster TEXT VERKRÜMMEN im Bereich STIL die Voreinstellung MUSCHEL. Die BIEGUNG stellen Sie auf +50%, die Einstellungen für HORIZONTALE VERZERRUNG und VERTIKALE VERZERRUNG belassen Sie auf 0%.

Haben Sie alles eingestellt, sollte Ihr Text aussehen wie in Bild 8.7 gezeigt.

8.4 Text mit Effekt

Schauen Sie mal in die EBENEN-Palette, hier wurde beim Text schreiben von *Photoshop* automatisch eine neue Ebene, mit der Bezeichnung des geschriebenen Textes erstellt. Bei dieser Ebene spricht man in *Photoshop* von einer Textebene.

Bild 8.8:
Die neue Textebene ist
in der EBENEN-Palette
ausgewählt

Sieht bisher schon ganz nett aus, lässt sich aber mit einem 3D-Look und Schatten noch wesentlich mehr aufpeppen. In früheren Versionen war für solche Wünsche jede Menge Handarbeit vonnöten, heute gibt es ein Menü und Regler.

Bild 8.9:
Das Auswahlmenü
für den Ebeneneffekt

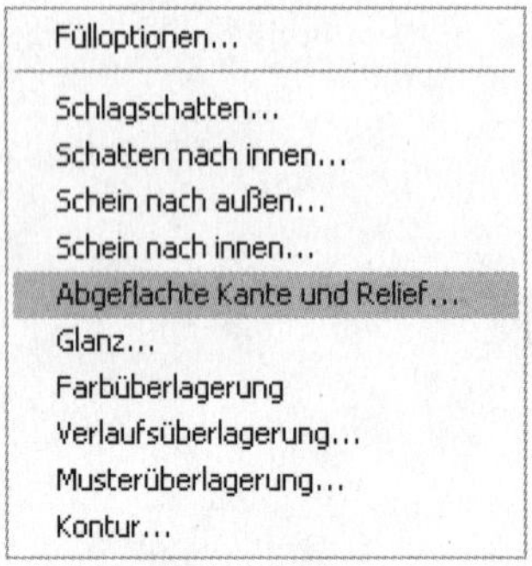

Fülloptionen...
Schlagschatten...
Schatten nach innen...
Schein nach außen...
Schein nach innen...
Abgeflachte Kante und Relief...
Glanz...
Farbüberlagerung
Verlaufsüberlagerung...
Musterüberlagerung...
Kontur...

☑ Klicken Sie in der EBENEN-Palette auf die Schaltfläche ganz links unten mit der Bezeichnung EBENENEFFEKT HINZUFÜGEN.

☑ Wählen Sie im Auswählmenü den Eintrag ABGEFLACHTE KANTE UND RELIEF.

In dem neuen Dialogfenster EBENENSTIL werden Sie von dem Angebot an Kontrollkästchen, Menüs und Reglern schier erschlagen. Würde ich hier alle Möglichkeiten auch nur auflisten, kämen wir heute nicht mehr ans Ziel.

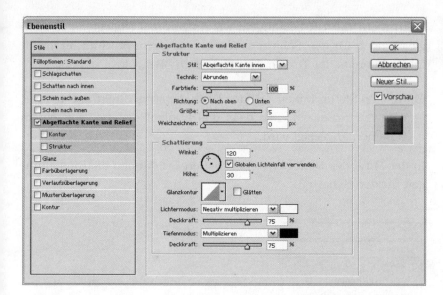

Bild 8.10:
Das gigantische
Dialogfenster
EBENENSTIL mit seinen
vielen Einstellungen

Zuerst versuchen Sie, das Dialogfenster so auf der Oberfläche anzuordnen, dass Sie auch noch freien Blick auf das geöffnete Bild haben. Denn jede Änderung wird Ihnen dort sofort angezeigt, vorausgesetzt im Dialogfenster ist das Kontrollkästchen für VORSCHAU aktiviert.

Im linken Teil des Dialogfensters EBENENSTIL ist der zuvor gewählte Effekt ABGEFLACHTE KANTE UND RELIEF bereits aktiviert und wird als markiert dargestellt. Schenken wir unsere Aufmerksamkeit dem Bereich STRUKTUR in der Mitte des Fensters.

☑ Im Bereich STRUKTUR wählen Sie als TECHNIK die Option HART MEISSELN und bei GRÖSSE schieben Sie den Regler auf 7 PX.

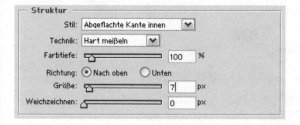

Bild 8.11:
Wir verändern hier zwei
Werte für Kante und
Relief des Textes

Noch nicht mit OK bestätigen, wir nutzen das Dialogfenster auch gleich noch für den Schatten. Wie bereits zuvor erwähnt, erstrahlt im Bild bereits der Text in dem typischen 3D-Look.

☑ Klicken Sie im linken Teil des Dialogfensters direkt auf den Namen SCHLAGSCHATTEN, so dass das Kontrollkästchen mit einem Häkchen angezeigt wird.

In der Mitte des Dialogfensters erhalten Sie danach die Einstellungen für den Schatten.

Bild 8.12:
Auch der Schlag-
schatten wird markiert

Stile
Fülloptionen: Standard
☑ **Schlagschatten**
☐ Schatten nach innen
☐ Schein nach außen
☐ Schein nach innen
☑ Abgeflachte Kante und Relief
☐ Kontur
☐ Struktur
☐ Glanz
☐ Farbüberlagerung
☐ Verlaufsüberlagerung
☐ Musterüberlagerung
☐ Kontur

☑ Im Bereich STRUKTUR schieben Sie den Regler für DISTANZ auf 10 PX und bei GRÖSSE ist der neue Wert 13 PX. Bestätigen Sie die Effekte mit einem Mausklick auf OK.

Bild 8.13:
Hier sind die Einstel-
lungen für DISTANZ und
GRÖSSE unser Ziel

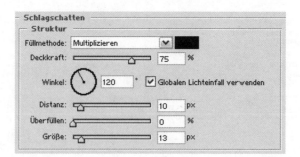

Jeder kann auf den ersten Blick erkennen, dass der Eiffelturm ganz offensichtlich in Paris beheimatet ist.

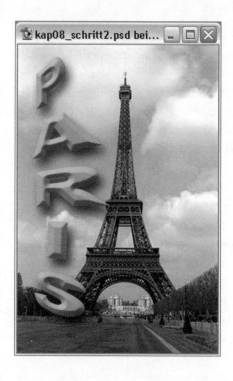

Interessant, wie es zwischenzeitlich in der EBENEN-Palette aussieht. Direkt mit der Textebene werden die beiden zuvor eingesetzten Effekte angezeigt. So erhalten wir jederzeit den Überblick über das, was wir da zuvor angestellt haben.

Ebeneneffekt nachträglich ändern

Haben Sie einen Ebeneneffekt erstellt und zugewiesen und nach zwei Stunden oder am nächsten Tag gefällt er Ihnen nicht mehr? Keine große Sache, Sie führen dann einfach in der markierten Ebene auf das Symbol für den Ebeneneffekt einen Doppelklick aus und gelangen wieder in das Dialogfenster EBENENSTIL. Hier nehmen Sie dann Ihre gewünschten Änderungen vor. Funktioniert immer, vorausgesetzt Sie haben Ihr Bild im *.psd-Dateiformat gespeichert.

Was haben wir diesmal gelernt? Wir können in *Photoshop* Text schreiben, wir wissen, wie durch einen EBENENEFFEKT so ein schöner 3D-Effekt entsteht und einen individuellen Schatten können wir auch zuweisen. Wenn ich mal wieder etwas Zeit finde, habe ich die Absicht, die weiteren Einstellungen im Dialogfenster EBENENSTIL weiter zu erkunden. Das ist ja weitestgehend selbsterklärend. Einen Text zu schreiben und die unterschiedlichen Einstellungen zu testen, das würde ich Ihnen auch empfehlen und wünsche Ihnen dabei jede Menge Erfolgserlebnisse.

9 Die Kosmetikerin muss ran

Wer sieht schon aus wie ein Model, besonders dann, wenn es vorher von einer Heerschar von Kosmetikerinnen und Visagisten auf Vordermann gebracht wurde? Mal sehen, ob *Photoshop* uns den Weg zur Schönheitsfarm erspart.

Photoretuschen erledigen Sie am besten
- ☐ mit dem neuen REPARATUR-PINSEL,
- ☐ aber auch das KOPIERSTEMPEL-WERKZEUG leistet gute Dienste.
- ☐ Selbst ein Farbauftrag mit dem WERKZEUG-SPITZEN-WERKZEUG ist hier hilfreich.

Haben Sie schon mal einem professionellen Photo-Shooting beigewohnt? Ich hatte vor einigen Jahren in New York dieses Vergnügen und ich habe sie alle gezählt: 15 Leute sprangen da rum, selbst ein Photograf fehlte nicht.

Da ist es dann wirklich kein Wunder, wenn dabei perfekte Aufnahmen herauskommen, die Sie anschließend in Hochglanzmagazinen bewundern dürfen.

Wer von uns Amateuren hat nicht trotzdem heimlich seine photografischen Ergebnisse mit den Aufnahmen von Profis verglichen? Hauptsächlich bei Portraitaufnahmen treten die Unterschiede sehr deutlich zu Tage. Da gibt es bei unseren Bildern jede Menge Pickel, Mitesser, Falten und sonstige nette Dinge zu sehen. Kriegen wir die auch nachträglich weg?

9.1   Haben wir ein geeignetes Bild?

Ja, ich besitze eines, das wir uns für diese Aufgabe vornehmen können.

☑ Laden Sie von der CD das Bild *Portrait02.psd* aus dem Ordner *Bildmaterial\Kapitel 09*.

Das Photo ist nicht ganz so schlimm, wie Sie vielleicht angenommen haben. Aber bei genauerem Hinsehen sind einige Glanzstellen, einige Pickel, Falten und die gelben Zähne zu erkennen. Mit verschiedenen Werkzeugen stürzen wir uns darauf.

Bild 9.1:
Der Kandidat für die „Schönheitsoperation"

Auch dieses Photo zeigt Ihnen nicht Hugo Pixel, von mir haben Sie ja die netten Karikaturen im Buch. Auf dem Bild sehen Sie Peter Biet, der freundlicherweise ohne falsche Eitelkeiten diese Aufnahme zur Verfügung gestellt hat. Peter Biet ist Autor von Video-Workshops, die ebenfalls, wie dieses vorliegende Buch, beim Franzis' Verlag erscheinen.

9.2 Die Runderneuerung beginnt

Vor falschen Erwartungen möchte ich zu Beginn warnen, auch wenn es eine Reihe von idealen Werkzeugen für die Photoretusche gibt, wie das KOPIERSTEMPEL-WERKZEUG und das in *Photoshop 7* neue Werkzeug REPARATUR-PINSEL. Einerseits ist die Handhabung dieser Werkzeuge echt simpel, andererseits ist trotzdem viel Übung angesagt, bevor Sie so ein Portrait wirklich verbessert haben.

Sie sollten auch der Versuchung widerstehen, z. B. eine großporige Haut komplett in eine völlig glatte Gesichtsoberfläche umzuwandeln. Das geht meistens in die Hose, bereits auf den ersten Blick ist die versuchte Manipulation zu erkennen. Folgen Sie bei dieser Arbeit stets dem Motto „Weniger ist oft mehr".

Photoretusche nie am Originalbild

Solche Aufgaben sollten Sie nie am Originalbild ausführen, da Sie mit dem ersten Ergebnis fast immer unzufrieden sind. Besser ist, Sie arbeiten mit einer Kopie vom Originalbild. Mit BILD ♦ BILD DUPLIZIEREN erhalten Sie die gewünschte Kopie.

9.3 Falten weg

Ehe wir uns an die Falten wagen, sollten Sie das Bild in der richtigen Ansichtsgröße auf Ihrem Bildschirm darstellen. Das erleichtert die Arbeit ungemein.

☑ Aktivieren Sie in der WERKZEUG-Palette das ZOOM-WERKZEUG und klicken Sie in der Optionsleiste auf die Schaltfläche GANZES BILD.

☑ Anschließend klicken Sie bei aktivem ZOOM-WERKZEUG dreimal direkt in das Bild.

So haben Sie die perfekte Ansicht, um am Photo zu retuschieren. Zwischendurch sollten Sie hin und wieder in der Optionsleiste erneut auf die Schaltfläche GANZES BILD klicken, so erhalten Sie dann eher den Gesamteindruck. Ein ständiger Wechsel zwischen den unterschiedlichen Ansichtsgrößen ist dringend zu empfehlen.

Im Bild navigieren

Wird ein Bild mit dem ZOOM-WERKZEUG vergrößert, haben Sie zwei Möglichkeiten, problemlos im Bild zu navigieren. Nutzen Sie dafür das HAND-WERKZEUG zum Verschieben oder orientieren Sie sich in der NAVIGATOR-Palette. Diese aktivieren Sie mit FENSTER ◆ NAVIGATOR.

Für die Falten setzen wir das in *Photoshop 7* neue Werkzeug REPARATUR-PINSEL ein. Es soll Bildbereiche aufnehmen, an anderer Stelle wieder auftragen und dabei den Tonwert seiner neuen Umgebung annehmen. Das klingt sehr gut, das müssen wir unbedingt ausprobieren.

☑ Wählen Sie in der WERKZEUG-Palette das Werkzeug REPARATUR-PINSEL.

Bild 9.2:
Die Optionen bei aktivem Werkzeug REPARATUR-PINSEL

☑ Klicken Sie in der Optionsleiste auf das kleine Dreieck im Bereich PINSEL, der kleine gelbe Notizzettel zeigt die Bezeichnung KLICKEN ZUM ÖFFNEN DER WERKZEUGSPITZENAUSWAHL an.

☑ In dem neuen Fenster setzen Sie den DURCHMESSER auf 60Px, die KANTENSCHÄRFE auf 35% und den Regler für MALABSTAND schieben Sie auf 25%. Die restlichen Werte für WINKEL und RUNDUNG belassen Sie bei der Standardeinstellung.

Ziel ist es, mit dieser Einstellung in der Nähe der Falten Bildbereiche aufzunehmen und direkt auf den Falten abzulegen. Zuerst nehmen wir uns die linke Seite vor.

☑ Halten Sie die ⌥-Taste gedrückt und klicken Sie in einen Bereich, der in unmittelbarer Nähe der Falten liegt. Achten Sie darauf, dass Sie nicht direkt auf die Falten klicken.

☑ Lassen Sie die ⌥-Taste wieder los und klicken Sie mehrfach auf die Falten, bis diese durch die neuen Pixel verschwunden sind.

Sie können jederzeit mit der ⌥-Taste neue Bereiche erfassen, wenn Ihnen diese geeigneter erscheinen. Präzise arbeiten Sie, wenn Sie mehrfach die Größe der Werkzeugspitze ändern.

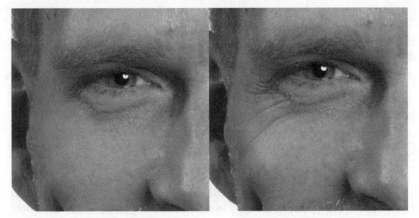

Bild 9.4:
Vielleicht sollten wir in Zukunft unser Geld als Schönheitschirurgen verdienen

Ohne Falten   Mit Falten

Bin ich so mitten drin in der Arbeit, vergesse ich gerne meine eigenen Worte von vorhin wie „weniger ist oft mehr". Wenn Sie also noch etwas experimentieren möchten, verkleinern Sie die Werkzeugspitze vorübergehend und nehmen Sie sich vorsichtig die dunklen Stellen bei den beginnenden Tränensäcken vor. Was heißt hier „vorsichtig", wir hantieren ja nur mit einem Pinsel und nicht mit dem Messer.

☑ Auf die gleiche Weise nehmen Sie sich mit dem Werkzeug REPARATUR-PINSEL das rechte Auge vor.

☑ Versuchen Sie auch, bei einer weiter vergrößerten Ansicht, die dunklen Stellen unter den Augen zu entfernen. Nicht vergessen, dabei die Werkzeugspitze zu verkleinern.

Für den Fall, dass Sie das heute zum ersten Mal machen, hier noch mal die generelle Arbeitsweise beim Retuschieren. Bei einer vergrößerten Ansicht und aktivem REPARATUR-PINSEL stellen Sie die Werkzeugspitze (Pinsel) auf eine geeignete Größe und nehmen bei gedrückter [alt]-Taste mit einem Mausklick, möglichst nahe am Zielbereich, Pixel auf. Nach dem Loslassen der [alt]-Taste wird der aufgenommene Bereich per Mausklick im Zielgebiet übertragen. Je öfter Sie dabei die Pinselgröße ändern und neue Stellen aufnehmen, umso präziser fällt das Ergebnis aus.

Wären wir auch noch Software-Tester müssten wir diesem Werkzeug absolute Bestnoten ausstellen. Es ist schon faszinierend, wie die geklonten Pixel den Tonwert ihrer neuen Umgebung annehmen.

9.4 Auch die Pickel müssen verschwinden

Über dem linken Auge ist ein Pickel zu sehen und ganz links im Schattenbereich sind noch zwei davon zu finden. Die operieren wir auch weg.

Dafür könnten wir das gleiche Werkzeug wie im vorangegangenen Schritt benutzen, aber wir wollen ja was lernen. So testen wir hier das KOPIERSTEMPEL-WERKZEUG auf seine Tauglichkeit.

Im Gegensatz zum REPARATUR-PINSEL werden die aufgenommenen Pixel, ohne eine Anpassung an den Tonwert der neuen Umgebung, direkt auf den Zielbereich übertragen. Ob wir damit auch klarkommen, können Sie gleich feststellen.

☑ Aktivieren Sie in der WERKZEUG-Palette das KOPIERSTEMPEL-WERKZEUG.

Bild 9.5:
Ausschnitt der Options-
leiste bei aktivem
KOPIERSTEMPEL-WERKZEUG

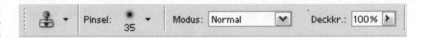

☑ Klicken Sie in der Optionsleiste auf das kleine Dreieck im Bereich PINSEL.

☑ Im Auswahlmenü wählen Sie eine weiche Pinselform mit einer Größe von ca. 35 Px.

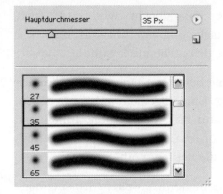

Bild 9.6:
Hier wählen Sie für das
KOPIERSTEMPEL-WERKZEUG
die geeignete
Spitzenform

☑ Mit dem ZOOM-WERKZEUG vergrößern Sie das Bild, bis der Pickel
gut zu erkennen ist.

☑ Halten Sie die [alt]-Taste gedrückt und klicken Sie in die Nähe
des Pickels, wobei Sie darauf achten, nicht auf den Pickel
selbst zu klicken.

☑ Lassen Sie die [alt]-Taste wieder los und klicken Sie danach
direkt auf den Pickel.

☑ Wiederholen Sie den Vorgang mit den beiden Pickeln auf der
linken Seite im Schattenbereich. Hier passen Sie auf, dass Sie
bei gedrückter [alt]-Taste nur Bildteile aus dem Schattenbereich
aufnehmen.

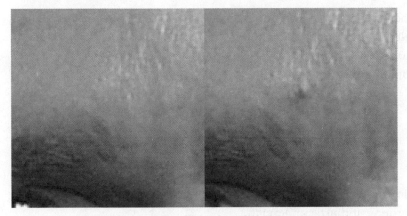

auch der Pickel ist weg

Bild 9.7:
Schon haben wir eine
weitere Schönheits-
operation erfolgreich
abgeschlossen

Es ist unschwer festzustellen, dass beide Werkzeuge sich hervorragend für die Photoretusche eignen. Mit ein bisschen Übung gelingen Ihnen damit zufrieden stellende Resultate.

Welches der beiden Werkzeuge Sie bevorzugt einsetzen, ist immer von dem jeweiligen Bild abhängig. Eine allgemein gültige Regel ist hier nicht möglich. Manchmal kann die zuvor gelobte Tonanpassung des REPARATUR-PINSELS eher unerwünscht sein, dann ist das KOPIERSTEMPEL-WERKZEUG vielleicht die bessere Wahl.

Mit etwas Phantasie erahnen Sie sicherlich weitere Einsatzmöglichkeiten für diese Werkzeuge, z. B. können Sie damit auch größere Bereiche aus einem Photo entfernen. Wieder einmal führt nur Übung, Übung und noch einmal Übung zum ersehnten Erfolg.

9.5 Glanzstellen beseitigen

Die Kosmetikerin würde bei fettiger, glänzender Haut Make-up und Puder einsetzen. Wir müssen uns nach einem anderen Werkzeug umschauen, denn REPARATUR-PINSEL und KOPIERSTEMPEL-WERKZEUG helfen uns da nicht weiter.

Ähnlich wie die Kosmetikerin tragen wir ganz behutsam etwas Farbe auf die betreffenden Stellen auf, um den Glanz geringfügig zu mindern.

Doch woher holen wir uns die geeignete Farbe? Mit verschiedenen selbst bestimmten Farbtönen zu experimentieren, wäre recht mühsam. Viel einfacher ist es, den geeigneten direkt aus dem Bild aufzunehmen.

 ☑ In der WERKZEUG-Palette aktivieren Sie das Werkzeug PIPETTE. Damit klicken Sie im Bild auf eine Stelle, die nach Ihrer Beurteilung den natürlichen Hautton am besten darstellt. Das heißt, keinen zu hellen oder zu dunklen Bereich auszuwählen.

Die so ausgewählte Farbe wird Ihnen in der WERKZEUG-Palette als Vordergrundfarbe angezeigt.

☑ Wechseln Sie zu dem WERKZEUGSPITZEN-WERKZEUG (es ist kein Verschreiber, das Werkzeug wurde wirklich so benannt, vielleicht wäre „Malpinsel" treffender gewesen).

Sie kennen das ja mittlerweile schon: Haben Sie ein Werkzeug ausgewählt, müssen Sie es anschließend in der Optionsleiste anpassen.

Bild 9.8:
Ausschnitt aus der Optionsleiste bei aktivem WERKZEUGSPITZEN-WERKZEUG

☑ Über einen Mausklick in der Optionsleiste auf das kleine Dreieck im Bereich PINSEL öffnen Sie das Auswahlmenü für die Werkzeugspitzen. Hier wählen Sie eine weiche Form in der Größe von 200 Px.

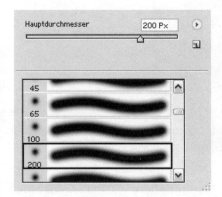

Bild 9.9:
Eine weiche Spitzenform ist die richtige Wahl

☑ Zusätzlich wählen Sie in der Optionsleiste im Bereich MODUS als MALMODUS die Option MULTIPLIZIEREN auf und setzen die DECKKRAFT auf ca. 26%, wie im Bild 9.8 zu sehen.

Dank dieser Einstellungen wird die Farbe nicht wie mit einem Farbeimer ausgekippt, sondern ganz behutsam aufgetragen. Um das richtige Gefühl für die verschiedenen Malmodi zu erhalten, empfehle ich Ihnen, bei Gelegenheit diese mit einem Bild Ihrer Wahl auszuprobieren.

☑ Klicken Sie nun mit dem aktivem WERKZEUGSPITZEN-WERKZEUG im Bild auf die glänzenden Bereiche. Je nach persönlichem Geschmack sind ein oder maximal zwei Mausklicks ausreichend.

Möglicherweise ist die bisherige Manipulation bei der Abbildung im Buch nicht auf den ersten Blick zu erkennen. Deshalb finden Sie auf der CD im Ordner *Bildmaterial\Kapitel 09* die Datei *kap09_schritt03.psd*. Hier können Sie Ihre eigenen Bemühungen mit meinen vergleichen.

9.6 Noch schnell zum Zahnarzt

Bei unserem Beispielbild sind die Zähne wirklich etwas arg gelb ausgefallen. In der Realität wäre ein Gang zum Zahnarzt unausweichlich, hier nennt man die geeignete Methode „Bleaching".

Mit *Photoshop* nutzen wir einfach die gleiche Methode, die wir bereits für die Glanzstellen eingesetzt haben.

9.6.1 Die Vordergrundfarbe einstellen

Zuerst bestimmen Sie die Farbe WEISS als Vordergrundfarbe, mit der Sie in *Photoshop* malen.

☑ Klicken Sie zuerst, wie in Bild 9.11 zu sehen, auf die kleinen Miniaturen der weißen und schwarzen Kästchen. Dadurch werden die Standardfarben für Vorder- und Hintergrund eingestellt.

Bild 9.11:
Damit verändern Sie die Vorder- und Hintergrundfarbe

☑ Danach klicken Sie rechts oben auf den gebogenen Doppelpfeil mit der Bezeichnung VORDER- UND HINTERGRUNDFARBE VERTAUSCHEN.

Bild 9.12:
Die Anzeige nach der Änderung

Sieht es bei Ihnen auch so aus wie in Bild 9.12, dann können Sie mit der Farbe WEISS malen.

9.6.2 Die weiße Farbe auftragen

☑ Sie aktivieren noch einmal das WERKZEUGSPITZEN-WERKZEUG, in der Optionsleiste sind noch die letzten Einstellungen vorhanden.

Bild 9.13:
Die Einstellungen in
der Optionsleiste für
das WERKZEUGSPITZEN-
WERKZEUG

☑ Sie klicken in der Optionsleiste auf das kleine Dreieck im Bereich PINSEL. Diesmal ist die Werkzeugspitze vom letzten Arbeitsgang noch ausgewählt,

☑ Sie müssen nur den Regler auf 25 PX schieben. Im Bereich
MODUS wählen Sie AUFHELLEN, die DECKKRAFT belassen Sie auf
26%.

Bild 9.14:
Diesmal müssen Sie
nur den Regler
verschieben

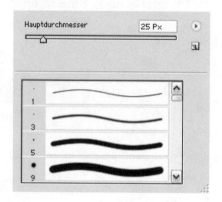

☑ Der Rest ist einfach, klicken Sie mit dem WERKZEUGSPITZEN-
WERKZEUG so oft auf die gelben Zähne bis diese in einem ma-
kellosen Weiß erscheinen. Bei den hinteren Zähnen ist es hilfreich, die Pinselgröße zu reduzieren.

Bild 9.15:
Weiße Zähne auf
die schnelle Art

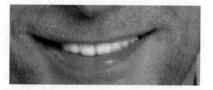

Jetzt ist uns das typische Hollywood-Lächeln gelungen. Ginge das
auch in der Realität beim Zahnarzt so problemlos und schnell, die
Wartezimmer der Zahnärzte wären voll mit willigen Kandidaten.

Hier gleich noch ein wichtiger Rat von mir, erzählen Sie nieman-
dem wie einfach es ist, mit *Photoshop* die kleinen Schönheitsfehler
zu beseitigen. Sie erhalten eventuell zu viele Anfragen. Meine Frau
Frieda Pixel hat gerade dieses Kapitel gelesen, nun soll ich ihre
Bilder auch verschönern.

10 Welches Dateiformat fürs WWW?

Heben Sie Ihre Bilder bisher auch in der Tüte vom Photoladen auf oder benutzen Sie so schicke Photoalben? Ganz gleich, wie Ihre Antwort ausfällt, die Gewohnheiten scheinen sich hier dramatisch zu ändern.

Im digitalen Zeitalter möchten die meisten Leute ihre Bilder im Internet präsentieren. Alles keine große Sache, wenn Sie das richtige Dateiformat wählen und noch einige weitere Dinge dabei beachten.

Wir beschäftigen uns in diesem Kapitel mit
- dem Dialogfenster FÜR WEB SPEICHERN,
- wir speichern ein Bild als *JPG* und
- eine Grafik mit Transparenz erhält das geeignete Dateiformat *GIF*.

Sie erinnern sich vielleicht, im Kapitel 3 haben wir uns schon mal mit den verschiedenen Dateiformaten auseinander gesetzt. Dort wurde ein Bild im Format *JPG* geöffnet, die Bildgröße geändert und dann im Abschnitt 3.4.2, „Als JPG speichern", in eben diesem Format neu gespeichert.

Bei dem Befehl DATEI ◆ SPEICHERN UNTER öffnete *Photoshop* ein neues Dialogfenster und wir haben unsere Einstellungen vorgenommen. Warum erzähle ich Ihnen das hier noch einmal? Weil Sie dieses Dialogfenster nur dann erhalten, wenn Sie ein *JPG* öffnen und es nach dem Bearbeiten im selben Dateiformat erneut speichern.

Wir arbeiten diesmal mit einem anderen Befehl und einem neuen Dialogfenster.

10.1 Was ist im Angebot?

Wir beschränken uns auf die beiden gebräuchlichsten Dateiformate im WWW, *JPG* und *GIF*. Irgendwo haben Sie sicherlich auch schon mal was von *PNG* gelesen; da aber immer noch nicht alle Browser mit dem Format klarkommen, lassen wir das hier unberücksichtigt. Eine Beschreibung der unterschiedlichen Dateiformate können Sie noch einmal unter 3.4.3, „Unterschiedliche Dateiformate", nachlesen.

Bei unseren beiden Praxisbeispielen gilt es die folgenden Unterschiede zu beachten:

☐ Für Photos, ganz gleich, ob mit *Photoshop* manipuliert oder im Originalzustand, verwenden wir das Format *JPG*.

☐ Für Bilder, die hauptsächlich gezeichnete oder gemalte Objekte enthalten, ist das Format *GIF* die richtige Wahl.

☐ Da sind dann noch die Bilder, die im Internet ohne Hintergrund, also mit Transparenz erscheinen sollen. Auch hier setzen wir das Format *GIF* ein.

Wenn Sie diese Empfehlungen einhalten, können Sie fast nichts mehr falsch machen.

10.2 Photo als *.JPG speichern

Wie immer brauchen wir ein Bild für's Experimentieren, nur so können Sie gleich kontrollieren, ob das auch alles funktioniert, wie ich das hier erzähle.

☑ Holen Sie von der CD das Bild *digital art_113.psd* aus dem Ordner *Bildmaterial\Kapitel 10* auf die Oberfläche.

Bild 10.1:
Dieses Photo soll im
Internet präsentiert
werden, wir suchen
nach den richtigen
Einstellungen

digital art_113.psd @ 66,7% (RGB)

10.2.1 Dialogfenster einstellen

Um noch einmal jegliche eventuellen Missverständnisse auszu-
räumen: Wollen Sie das Photo im Internet veröffentlichen, hilft
Ihnen das *Photoshop*-eigene Dateiformat **.psd* absolut nicht weiter.

Wir suchen nach einem geeigneten Menübefehl und finden auch
einen.

☑ Führen Sie DATEI ◆ FÜR WEB SPEICHERN aus.

Es öffnet sich das gleichnamige, monumentale Dialogfenster.

Sind Sie heute zum ersten Mal hier zu Gast, dann werden Sie über die vielen Einstellungsmöglichkeiten sicherlich restlos begeistert sein. Damit wir gemeinsam mit der gleichen Ansicht arbeiten, passen Sie Ihr Dialogfenster dem Bild 10.2 an.

☑ Klicken Sie hierzu im Dialogfenster auf die Registerkarte 2FACH, wie in Bild 10.3 zu sehen.

Bild 10.3:
Hier stellen Sie die unterschiedlichen Ansichten ein

☑ Aktivieren Sie das HAND-WERKZEUG und klicken Sie damit in das rechte Bild.

Dadurch werden im rechten Teil des Dialogfensters notwendige Einstellungsmöglichkeiten angeboten.

☑ Verschieben Sie mit dem HAND-WERKZEUG das rechte Bild, bis das Flugzeug zentriert angezeigt wird.

☑ Im Bereich EINSTELLUNGEN muss JPEG angezeigt werden, andernfalls öffnen Sie das Menü und wählen den entsprechenden

Eintrag (stören Sie sich nicht an der Bezeichnung JPEG, sie ist identisch mit JPG).

Im linken Bild wird Ihnen das Original angezeigt, darunter erhalten Sie die Information, dass das Photo eine Dateigröße von 1,27 MB hat.

Das rechte Bild zeigt Ihnen je nach Einstellung die daraus resultierende Ansicht und darunter gibt es ebenfalls die Information über die neue Dateigröße. Zusätzlich wird die voraussichtliche Ladezeit im Internet angezeigt. Also alles, was Sie an Hinweisen benötigen.

10.2.2 Verschiedene Qualitäten testen

Beabsichtigen Sie, ein Photo für den Auftritt im Internet zu optimieren, müssen Sie immer mit einem Kompromiss leben. Einerseits soll der Besucher Ihrer Webseite nicht ewig auf das vollständige Laden des Photos warten müssen, andererseits möchten wir schon ein Bild in guter Qualität anbieten. Leider sind kleine Dateigröße und Topqualität nicht machbar.

Wenn Sie eine hohe Bildqualität einstellen, können Sie sicher sein, die Dateigröße wird Ihnen folgen, sie lässt sich einfach nicht abschütteln. Lassen Sie uns das wie immer an einem Praxisbeispiel ausprobieren.

☑ Im Bereich EINSTELLUNGEN wählen Sie im zweiten Auswahlmenü links den Eintrag HOCH.

Bild 10.4:
Wir wählen die
Qualitätsstufe HOCH

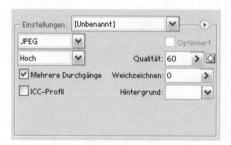

Im rechten Bild beurteilen Sie die Bildqualität und unter dem Bild erhalten Sie die Information über die Dateigröße von 53,25 KB sowie die Ladezeit von 11 Sek., bei Nutzung einer Internetverbindung mit einer Geschwindigkeit von 56,6 Kbit pro Sekunde.

Bild 10.5:
Dateigröße und
Ladezeit bei der
Qualität Hoch

☑ Wählen Sie nun im Bereich EINSTELLUNGEN die Qualität MAXIMUM.

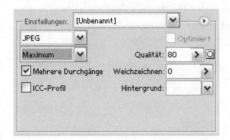

Bild 10.6:
Testen wir doch einmal
die Qualität MAXIMUM

Auch wenn Sie auf Ihrem Monitor den Unterschied nicht sofort erkennen, vertrauen Sie *Photoshop*, die Bildqualität hat sich verbessert. Unter dem rechten Bild erfahren wir diesmal, die Dateigröße ist auf 89,8 KB angewachsen und der Besucher auf Ihrer Webseite muss bei gleicher Verbindung jetzt 17 Sekunden auf das Bild warten.

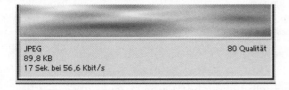

Bild 10.7:
Die neue Dateigröße

Sie erkennen, es stimmt was ich da zuvor erzählt habe. Jetzt hätten Sie wahrscheinlich ganz gerne so eine allgemein gültige Richtlinie. Leider Fehlanzeige – da schon jedes Originalbild in unterschiedlicher Qualität vorliegt, ist das einfach nicht möglich.

Ich kann Ihnen nur erzählen, wie ich mit meinen eigenen Bildern umgehe. Für mich steht immer die Qualität im Vordergrund, die damit verbundene längere Ladezeit müssen die Besucher meiner Webseite in Kauf nehmen. Bei den heutigen Verbindungen wie z. B. T-DSL spielt das vielleicht auch nicht mehr eine so große Rolle. Das war nur meine persönliche Meinung, entscheiden Sie bitte selbst.

10.2.3 Was gibt es sonst noch in dem Dialogfenster zu entdecken?

Rechts oben über dem rechten Bild finden Sie eine runde Schaltfläche mit einem Dreieck. Damit öffnen Sie ein Auswahlmenü, mit dem Sie die unterschiedlichen Geschwindigkeiten bei einer Internetverbindung simulieren können.

Bild 10.8:
Die Auswahl für
die Verbindungs-
geschwindigkeit

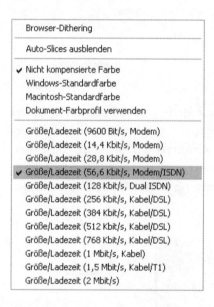

Die hier gewählte Geschwindigkeit hat keine Auswirkung auf die Bildqualität, sie zeigt Ihnen danach nur die ungefähre Ladezeit vom Bild an.

Ob das wirklich allzu viel Sinn macht, sei mal dahingestellt. Haben Sie eine Ahnung, mit welcher Verbindung die Besucher auf Ihre Webseite gelangen? Ich weiß es nicht.

Bild 10.9:
So gelangen Sie zu einer Vorschau im *Internet Explorer*

Was aber recht nett ist, Sie finden unterhalb des rechten Bildes eine Schaltfläche mit dem Symbol des *MS Internet Explorers*. Ein Klick darauf und Sie erhalten direkt im *Internet Explorer* eine Vorschau Ihres Bildes. Haben Sie noch einen anderen Browser auf Ihrem PC, öffnen Sie diesen mit der Schaltfläche direkt daneben.

Bleibt noch übrig, darauf hinzuweisen, dass es neben den Voreinstellungen wie MITTEL, HOCH und MAXIMUM im Bereich EINSTELLUNGEN noch einen Regler für QUALITÄT gibt. Damit können Sie unabhängig von den Voreinstellungen die Qualität ganz individuell regeln.

10.2.4 Speichern als Kopie

Es ist nun ohne Bedeutung für unser Praxisbeispiel, für welche Einstellungen Sie sich entschieden haben.

☑ Klicken Sie im Dialogfenster FÜR WEB SPEICHERN auf die Schaltfläche SPEICHERN.

In dem sich öffnenden Dialogfenster OPTIMIERTE VERSION SPEICHERN UNTER ist das richtige Dateiformat bereits eingestellt.

☑ Sie müssen nur noch einen Dateinamen eingeben, einen Speicherplatz auf Ihrer Festplatte suchen und mit SPEICHERN bestätigen.

Wenn Sie wie hier beschrieben vorgehen, gelangen Sie wieder auf die Arbeitsfläche von *Photoshop*. Unser geöffnetes Bild ist nach wie vor als **.psd*-Datei vorhanden. *Photoshop* war so nett und hat automatisch eine Kopie im Dateiformat **.jpg* erstellt. Das Originalbild benötigen wir nicht mehr, Sie können es jetzt schließen, wobei Sie die folgende Abfrage von *Photoshop* mit NEIN beantworten.

10.2.5 JPG nur im Internet?

Das Dateiformat *.jpg ist das gebräuchlichste Format für die Darstellung von Photos im Internet. Aber auch viele Digitalkameras nutzen dieses Format.

Bei der Konvertierung in das JPG-Format werden die Daten komprimiert. Beim Öffnen wird das Bild automatisch dekomprimiert und bei erneutem Speichern wieder neu komprimiert. Beachten Sie deshalb den folgenden Tipp.

Mehrmals als *.JPG speichern

Haben Sie z. B. ein JPG geladen und möchten es in Photoshop bearbeiten, empfehle ich Ihnen die Speicherung im *.psd-Format. So können Sie das Bild beliebig oft öffnen, Änderungen vornehmen und wieder speichern. Das geschieht dann völlig ohne Qualitätsverlust. Erst wenn Sie es im Internet präsentieren möchten, speichern Sie es wieder als *.jpg.

Andernfalls würde es bei einem mehrfachen Öffnen und Speichern als *.jpg jedes Mal erneut komprimiert. Dabei geht dann langsam, aber sicher die Qualität verloren.

10.3 Grafik als *.GIF mit Transparenz speichern

Alle Ihre Photos, ganz gleich aus welcher Quelle, können Sie getrost im zuvor beschriebenen *.jpg-Format speichern. Wofür brauchen wir dann noch das *.gif-Format?

Es ist bis jetzt das einzige Format, das Transparenzen ermöglicht. Damit können Sie eine freigestellte Grafik über dem Hintergrund einer Webseite einfügen, ganz gleich, welche Farbe oder welches Muster diese aufweist.

10.3.1 Grafik mit Transparenz laden

☑ Öffnen Sie die Datei *Grafik1.psd* von der CD aus dem Ordner *Bildmaterial\Kapitel 10*.

Bild 10.10:
Die Grafik mit einem transparenten Hintergrund

Dieses Logo entstand ursprünglich in *Corel Draw* als eine Vektorgrafik. In *Photoshop* wurde eine neue Datei mit transparentem Hintergrund angelegt. Dieser Hintergrund wird auf dem Bildschirm kariert dargestellt. Die Grafik habe ich dann in diese neue Datei geschoben. Ein Blick in die EBENEN-Palette zeigt Ihnen, es ist kein Hintergrund vorhanden. Genau so soll die Grafik auch für das Internet gespeichert werden.

10.3.2 Für das Web speichern

Wollten wir es erneut mit dem Format **.jpg* versuchen, würde automatisch ein weißer Hintergrund hinzugefügt. Aber wir hätten es ja gerne ohne Hintergrund.

☑ Rufen Sie FÜR WEB SPEICHERN auf.

Es öffnet sich wieder das gleichnamige Dialogfenster.

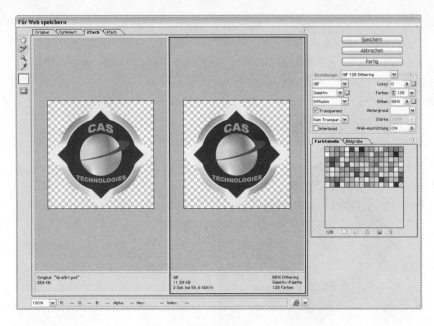

Ein herzliches Dankeschön an *Photoshop,* es hat mitgedacht. Das Programm hat die Transparenz im Bild erkannt und weiß, dass wir es höchstwahrscheinlich als ein *GIF* speichern möchten. Ganz gleich, was in dem Dialogfenster zuvor eingestellt war, in diesem Fall wird automatisch eine ideale Einstellung vorgeschlagen.

Es ist alles wie vorhin, im rechten Bild wird uns wieder eine Dateigröße von 11,59 KB angezeigt sowie eine Ladezeit von 3 Sek. bei einer Verbindung mit 56.6 Kbit pro Sekunde. Auch finden Sie die Schaltfläche für die Vorschau im Browser an der gleichen Stelle.

An den angebotenen Einstellungen gibt es nichts zu meckern, wir werden das Angebot annehmen.

☑ Klicken Sie auf die Schaltfläche SPEICHERN.

☑ Tragen Sie im neuen Dialogfenster einen Dateinamen ein und suchen Sie ein geeignetes Verzeichnis auf Ihrer Festplatte.

Auch diesmal hat *Photoshop* automatisch eine Kopie im **.gif*-Format erstellt. Die Ausgangsdatei im **.psd*-Format ist nach wie vor vorhanden und kann ohne ein weiteres Speichern geschlossen werden.

Das Logo im *.gif-Format können Sie jetzt auf jedem Hintergrund Ihrer Webseite einsetzen, egal ob gemustert, einfarbig oder mehrfarbig. Am besten testen Sie es in einem Programm wie *MS Frontpage*.

Auch diesmal wollen wir kurz zusammenfassen, was Sie hier gelernt haben. Uns ist jetzt bekannt: Wenn ein Photo im Internet präsentiert werden soll, wird das richtige Dateiformat gebraucht. In dem Dialogfenster FÜR WEB SPEICHERN suchen wir nach dem besten Kompromiss zwischen der Qualität und der Dateigröße. Benötigen wir eine Grafik mit Transparenz, wissen wir: Auch das ist machbar. Hallo WWW, wir kommen.

11 Einladungskarte handgemacht

Sie laden eine Menge Leute zu Ihrer Party ein und erhalten viele Absagen – das muss nicht sein. Vielleicht liegt es an der Art der Einladung?

Gestalten Sie doch einfach mit *Photoshop* eine individuelle Einladungskarte, da gibt es dann bestimmt nur Zusagen.

In diesem Kapitel erfahren Sie, wie:
- ☐ ein Hintergrund mit drei Filtern entsteht,
- ☐ aus einer Auswahl eine Ebene wird und umgekehrt,
- ☐ eine Illusion durch einen Schatten erzeugt wird,
- ☐ Farben ersetzt werden,
- ☐ Objekte transformiert werden und einen transparenten Verlauf erhalten,
- ☐ man mit dem FORMEN-WERKZEUG zeichnet,
- ☐ die Formen Stile erhalten,
- ☐ Stile individuell angepasst werden,
- ☐ wir Text schreiben und
- ☐ dem Text einen Schatten hinzufügen

Ich, Hugo Pixel, werde in diesem Kapitel nicht einfach Funktionen auflisten und beschreiben und dann überlegen, mit welchem Beispiel ich gerade diese Funktion erklären kann. Denn im wirklichen Leben ist es gerade anders herum, man hat eine Idee, möchte was gestalten und sucht dann nach den Funktionen, mit denen sich das Ganze realisieren lässt. Das beinhaltet dann auch mal einen Weg in die falsche Richtung.

Hier gibt es wieder ein echtes Praxisbeispiel. Ich hatte die Idee, mit *Photoshop* eine Einladungskarte zu gestalten, die dann im folgenden Kapitel im Drucker landen soll. Ich bin schon ganz gespannt, welche Funktionen wir in *Photoshop* verwenden.

Was halten Sie von meiner Idee? Finden Sie nicht so toll? Das kann nicht Ihr Ernst sein. Machen Sie trotzdem mit, es gibt sicherlich wieder eine Menge zu lernen.

11.1 Neue Datei anlegen

Kurze Überlegung vorab: Wir möchten diese Datei später auf einem Tintenstrahldrucker ausgeben, deshalb verwenden wir eine Auflösung von 150 Pixel/Inch (gleichbedeutend mit 150 DPI). Das ist für einen Ausdruck auf gutem Papier vollkommen ausreichend.

☑ Mit DATEI ◆ NEU öffnen Sie das gleichnamige Dialogfenster.

☑ Hier setzen Sie zuerst die Maßeinheit für BREITE und HÖHE auf MM. Dann tragen Sie BREITE: 115,000, HÖHE: 175,000, AUFLÖSUNG: 150 PIXEL/INCH und MODUS: RGB-FARBE ein.

☑ Aktivieren Sie dann das Kontrollfeld im Bereich INHALT für WEISS und bestätigen Sie mit OK.

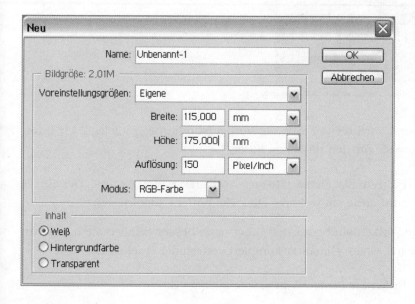

Bild 11.1:
Wir legen eine neue Datei an

Die Maße unserer Datei entsprechen den üblichen Maßen einer Grußkarte.

11.2 Hintergrund gestalten

Hier muss ich ein bisschen schummeln, denn ohne zu wissen, wie unsere Einladungskarte aussehen soll, würden Sie sich wahrscheinlich nicht als Erstes auf den Hintergrund stürzen.

Ich habe aber im stillen Kämmerlein schon mal vorgearbeitet, Sie können mir vertrauen. Wir arbeiten uns von ganz unten nach oben durch.

☑ Klicken Sie in der FARBFELDER-Palette mit dem veränderten Mauszeiger auf die Farbe HELLGRÜN, sie wird Ihnen auf einem kleinen gelben Zettel angezeigt.

Bild 11.2:
In der FARBFELDER-Palette wählen Sie die Vordergrundfarbe

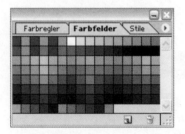

Damit wird diese Farbe als Vordergrundfarbe festgelegt, wir brauchen sie für den nächsten Filter.

☑ Führen Sie FILTER ♦ RENDERING-FILTER ♦ WOLKEN aus. Der Effekt wird ohne ein weiteres Dialogfeld direkt zugewiesen.

Die Wolken sind ganz nett, aber noch besser gefallen sie mir, wenn sie mit einem Glasfilter komplett verfremdet erscheinen.

☑ Rufen Sie FILTER ♦ VERZERRUNGSFILTER ♦ GLAS auf.

☑ Schieben Sie im Dialogfenster den Regler für VERZERRUNG auf 10, für GLÄTTUNG auf 5, als STRUKTUR wählen Sie RIFFELGLAS und die Skalierung beträgt 100%. Bestätigen Sie mit OK.

Geht Ihnen das auch so? Wenn ich mal an den Filtern dran bin, würde ich am liebsten gar nicht mehr aufhören. Für unser Werk wollen wir es aber bei den beiden Filtern belassen.

Ach was, wir machen noch einen, der unsere Struktur noch mehr verzerrt.

☑ Mit FILTER ◆ VERZERRUNGSFILTER ◆ DISTORSION gelangen Sie in das gleichnamige Dialogfenster.

☑ Schieben Sie den Regler für STÄRKE auf 100% und bestätigen mit OK.

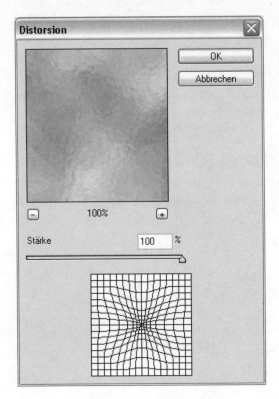

11.2.1 Auswahl und neue Ebene

Wahrscheinlich ist Ihnen so was auch schon mal irgendwo begegnet, ein Teil vom Hintergrund erscheint als Rahmen und das noch
mit einem Schatten. Lassen Sie uns mal versuchen, ob wir etwas
Ähnliches hinkriegen.

Auswahl erzeugen

☑ Aktivieren Sie in der WERKZEUG-Palette das Werkzeug AUS-
WAHLRECHTECK.

☑ In der Optionsleiste aktivieren Sie die Schaltfläche für NEUE
AUSWAHL, die WEICHE KANTE setzen Sie auf 0 PX, im Bereich ART
wählen Sie im Menü die Einstellung FESTE GRÖSSE und im Feld

BREITE geben Sie den Wert 589 Px ein. Im Feld für die HÖHE tragen Sie 943 Px ein.

Mit diesen Einstellungen müssen Sie nicht mehr das Rechteck aufziehen, sondern ein Mausklick in das geöffnete Bild ist ausreichend.

Sicherlich ist bei Ihnen die Auswahl nicht zentriert auf der Bildfläche; machen Sie sich keine Sorgen, das werden wir etwas später korrigieren.

Neue Ebene aus Auswahl

Aus der Auswahl soll nun eine neue Ebene entstehen. Mit anderen Worten, wir wollen die Fläche der Auswahl aus dem Hintergrund ausschneiden, ohne dass der Hintergrund danach ein Loch aufweist.

☑ Dieses erreichen wir mit EBENE ◆ NEU ◆ EBENE DURCH KOPIE, alternativ und fast noch schneller funktioniert es mit der Tastenkombination [Strg]+[J].

Ein Blick in die EBENEN-Palette zeigt uns, dass wir eine neue Ebene mit der automatischen Bezeichnung *Ebene 1* haben.

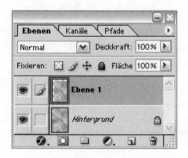

Ebene ausrichten

Vorhin haben wir festgestellt, dass die Auswahl im geöffneten Bild nicht zentriert angeordnet war. Es gibt auch weder einen Befehl noch eine Tastenkombination in *Photoshop,* die Ihnen dieses ermöglicht. Die Programmierer von *Photoshop* haben sich das so gedacht: Wir lassen uns die Lineale anzeigen, setzen uns geeignete Hilfslinien und dann erstellen wir die Auswahl.

Ich persönlich habe es ja lieber, wenn das Programm meine Wünsche per Mausklick umsetzt. Mal sehen, ob das funktioniert. Jetzt lasse ich Sie mal an der Hartnäckigkeit von Hugo Pixel teilhaben.

Im Gegensatz zu einer Auswahl erlaubt mir *Photoshop,* eine Ebene per Mausklick im Bild auszurichten. Genau das werden wir jetzt tun.

 ☑ In der EBENEN-Palette ist die *Ebene 1* ausgewählt und Sie aktivieren in der WERKZEUG-Palette das VERSCHIEBEN-WERKZEUG.

So ohne weiteres kann aber auch eine Ebene nicht ausgerichtet werden, es gibt noch einen kleinen Stolperstein zu überwinden. Es reicht nicht aus, wenn die Ebene nur in der EBENEN-Palette markiert ist, sie muss noch zusätzlich eine Auswahl erhalten. Nur wenn Sie erst den folgenden Befehl ausführen, lässt sich eine Ebene über Schaltflächen ausrichten.

☑ Mit AUSWAHL ◆ ALLES AUSWÄHLEN oder mit der Tastenkombination [Strg]+[A] werden die entsprechenden Schaltflächen in der Optionsleiste anwählbar.

☑ Klicken Sie in der Optionsleiste nacheinander auf die Schaltflächen VERTIKALE MITTEN AUSRICHTEN und HORIZONTALE MITTEN AUSRICHTEN.

Bild 11.7:
Damit werden
Ebenen ausgerichtet

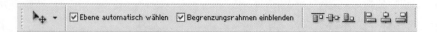

☑ Danach wird die Auswahl wieder entfernt mit AUSWAHL ◆ AUSWAHL AUFHEBEN oder der Tastenkombination [Strg]+[D].

Sie müssen nicht nachmessen, unsere Fläche ist nun exakt in der Bildmitte angeordnet. Toll, wenn ich da nicht ein Problem erkennen würde.

11.2.2 Problemlösung auf die eigene Art

Durch das Verschieben der *Ebene 1* ist das Muster dieser Ebene nicht mehr identisch mit dem Hintergrund. Den einen oder anderen mag das ja nicht stören, aber Hugo Pixel möchte das schon noch ändern.

Dies ist echte Praxis, mitten in der Arbeit fällt das Ergebnis doch nicht wunschgemäß aus. Ich wollte Sie mal an so einem Erlebnis teilhaben lassen, da können Sie sehen, wie man aus so einem Loch wieder herauskommt.

Mein Vorschlag ist, wir erstellen von der in der Mitte befindlichen Ebene eine Auswahl und erzeugen eine neue Ebene aus dem Hintergrund. So müsste es eigentlich funktionieren.

☑ Erstellen Sie eine Auswahl mit einem Mausklick bei gedrückter ⟨Strg⟩-Taste auf die *Ebene 1* in der EBENEN-Palette.

Bild 11.8:
Der Hintergrund
ist ausgewählt

☑ Klicken Sie in der EBENEN-Palette auf die Ebene *Hintergrund* und führen EBENE ♦ NEU ♦ EBENE DURCH KOPIE aus. Alternativ geht das auch mit den Tasten ⟨Strg⟩+⟨J⟩.

Dank dieser Aktion erhalten wir eine neue Ebene, mit der automatischen Bezeichnung *Ebene 2*. Bleibt noch übrig, die *Ebene 1* wieder zu löschen, und wir haben unser Ziel erreicht.

☑ Setzen Sie den Mauszeiger auf das kleine Vorschaubild von *Ebene 1* und ziehen Sie mit gedrückter Maustaste die Ebene auf die Schaltfläche EBENE LÖSCHEN ganz unten in der EBENEN-Palette, die mit dem Papierkorbsymbol.

Bild 11.10:
Ebene und Hintergrund
weichen nicht mehr
voneinander ab

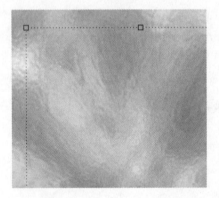

Nach diesem kleinen Zwischenspurt, können Sie sehr gut erkennen, Hintergrund und Ebene bilden eine harmonische Einheit. Genau das brauchen wir für den geplanten Effekt.

Ebene umbenennen

Im weiteren Verlauf werden wir mit einer Vielzahl von Ebenen arbeiten, es ist deshalb sehr hilfreich, von Anfang an aussagefähige Bezeichnungen festzulegen.

☑ Führen Sie einen Doppelklick aus, direkt auf *Ebene 2*, so können Sie direkt einen neuen Namen eingeben; ändern Sie ihn in *Fläche*.

11.3 Effekt – Schatten nach innen

Ganz einfach, mit einem Schatten erzeugen wir den visuellen Eindruck, als wenn die Ebene unter dem Hintergrund angeordnet ist.

☑ In der EBENEN-Palette muss die Ebene *Fläche* ausgewählt sein, andernfalls führen Sie einen Mausklick auf die Ebene aus.

☑ Klicken Sie ganz unten in der EBENEN-Palette auf die Schaltfläche EBENENEFFEKT HINZUFÜGEN.

☑ In dem Menü wählen Sie den Eintrag SCHATTEN NACH INNEN.

Fülloptionen...
Schlagschatten...
Schatten nach innen...
Schein nach außen...
Schein nach innen...
Abgeflachte Kante und Relief...
Glanz...
Farbüberlagerung
Verlaufsüberlagerung...
Musterüberlagerung...
Kontur...

Bild 11.11:
Das Menü für
den Ebeneneffekt

Es öffnet sich das Dialogfenster EBENENSTIL. Ganz gleich, was dort zuvor eingestellt war, bei einem neuen Aufruf erscheinen immer voreingestellte Standardwerte. Deshalb müssen Sie hier nur eine Einstellung ändern.

☑ Uns interessiert nur die Größe des Schattens, schieben Sie den Regler für GRÖSSE auf einen Wert von 30 PX und bestätigen Sie mit OK.

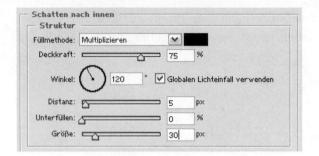

Die Illusion ist perfekt, unsere in der Mitte angeordnete Fläche vermittelt den Eindruck, als ob sie tiefer gestellt unter einem Rahmen angeordnet ist. Nicht schlecht, wenn man berücksichtigt, dass wir ja noch Anfänger im Umgang mit *Photoshop* sind.

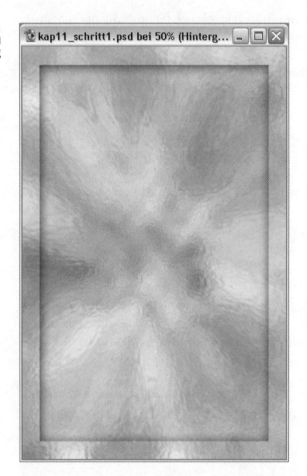

In der EBENEN-Palette wird Ihnen der soeben erstellte Effekt angezeigt, neben der Bezeichnung erkennen Sie ein kleines Dreieck mit
der Spitze nach unten. Mit einem Mausklick darauf, werden die
Effekte nicht mehr detailliert angezeigt, es herrscht wieder eine
bessere Übersicht in der EBENEN-Palette.

Bild 11.14:
Effekt mit und
ohne Detailanzeige

11.4 Bild einfügen

Zwei Papageien sollen unsere Einladungskarte zieren; wir brauchen aber nur einen und dieser wird dann einfach dupliziert.

☑ Laden Sie von der CD das Bild *Papagei_transparent.psd* aus
dem Ordner *Bildmaterial\Kapitel 11*. (Der Papagei wurde, wie in
Kapitel 7 beschrieben, mit dem Werkzeug MAGNETISCHES LASSO
freigestellt.)

 ☑ Mit dem VERSCHIEBEN-WERKZEUG und gedrückter Maustaste ziehen Sie den Papagei auf den Hintergrund der Karte. Das Bild mit dem Papagei wird danach nicht mehr benötigt; Sie können es wieder schließen.

11.4.1 Ebene skalieren

Der Papagei ist noch ein klein wenig zu groß, also wir müssen wir ihn skalieren.

Proportional skalieren

Sie möchten ein Objekt skalieren, ohne es zu stauchen? Achten Sie darauf, beim Verschieben einer der Eckpunkte des Begrenzungsrahmens immer gleichzeitig die ⌥+⇧-Tasten gedrückt zu halten.

☑ Halten Sie die ⌷+⌷-Tasten gedrückt und verschieben Sie mit gedrückter Maustaste einen der Eckpunkte vom Begrenzungsrahmen in Richtung Mitte. Das Transformieren, wie *Photoshop* es bezeichnet, bestätigen Sie mit der ⌷-Taste.

☑ Wissen Sie noch wie eine Ebene umbenannt wird? Ein Doppelklick auf den Ebenennamen in der EBENEN-Palette und Sie geben die Bezeichnung *Papagei links* ein.

11.4.2 Ebene duplizieren und transformieren

Der Papagei hätte gern einen Zwillingsbruder. Im Gegensatz zur Natur ist das für uns und *Photoshop* überhaupt kein Problem.

☑ Sie klicken in der EBENEN-Palette mit der rechten Maustaste auf die Ebene *Papagei links* und wählen im Kontextmenü den Eintrag EBENE DUPLIZIEREN.

☑ In dem folgenden Dialogfenster klicken Sie einfach auf OK.

☑ Geben Sie der neuen Ebene mit der Bezeichnung *Papagei links Kopie* den neuen Namen *Papagei rechts*.

Bild 11.16:
Die beiden neuen
Ebenen mit der
richtigen Bezeichnung

Die Kopie wollen wir horizontal spiegeln, ebenfalls skalieren und ein bisschen drehen. Dabei müssen Sie sich die Sprachweise von *Photoshop* zu eigen machen. Diese Vorgänge sind als TRANSFORMIEREN benannt.

Lassen Sie sich nicht irritieren, beim vorherigen Skalieren haben wir einfach einen der Eckpunkte vom Begrenzungsrahmen verschoben. Da wir diesmal ohnehin im Menü TRANSFORMIEREN arbeiten, nutzen wir einen leicht veränderten Weg.

Bei allen folgenden Arbeiten orientieren Sie sich bitte am Bild 11.17.

☑ Markieren Sie die Ebene *Papagei rechts* und führen Sie BEARBEITEN ◆ TRANSFORMIEREN ◆ HORIZONTAL SPIEGELN aus.

☑ Rufen Sie BEARBEITEN ◆ TRANSFORMIEREN ◆ SKALIEREN auf.

☑ Verschieben Sie bei gedrückter ⌨+⌨-Taste und gedrückter Maustaste einen der Eckpunkte in Richtung Mitte des Objekts. (Warten Sie noch mit der ⌨-Taste!)

☑ Führen Sie BEARBEITEN ◆ TRANSFORMIEREN ◆ DREHEN aus. Der Mauszeiger wird als gebogener Doppelpfeil dargestellt.

☑ Mit gedrückter Maustaste ziehen Sie den rechten, oberen Eckpunkt etwas nach rechts unten.

☑ Ist alles zu Ihrer Zufriedenheit ausgefallen, bestätigen Sie die Transformierungen mit der ⌨-Taste.

Wenn Sie genau auf das Bild 11.17 schauen, fällt Ihnen auf, dass der *Pagagei rechts* hinter dem linken angeordnet ist. Das wollen wir noch nachholen.

☑ Klicken Sie in der EBENEN-Palette auf die Ebene *Papagei rechts*, halten die Maustaste gedrückt und ziehen Sie sie eine Position nach unten.

11.5 Der Bruder wird grün

Für den Betrachter wirkt es höchstwahrscheinlich interessanter, wenn einer der beiden Vögel eine andere Farbe besitzt. Meinen Sie, es gelingt uns, so ohne weiteres den rechten Papagei in grün umzufärben?

☑ Markieren Sie den rechten Papagei und rufen Sie BILD ♦ EINSTELLUNGEN ♦ FARBE ERSETZEN auf.

☑ Im gleichnamigen Dialogfenster schieben Sie den Regler für TOLERANZ auf 122, aktivieren Sie die Schaltfläche PIPETTE und klicken Sie mit dem veränderten Mauszeiger im Bild (nicht im Vorschaufenster des Dialogfensters) auf einen roten Bereich des rechten Papageis.

☑ Schieben Sie anschließend die Regler für FARBTON auf +126, für SÄTTIGUNG auf +23 und für HELLIGKEIT auf –21.

☑ Beschließen Sie den Vorgang mit einem Klick auf OK.

Jetzt sind es keine Zwillinge mehr, sondern ein einfaches Ge-
schwisterpaar mit unterschiedlichen Farben.

11.6 Papagei mit Transparenz

Wenn ich die unteren harten Kanten der beiden Papageien als
unschön bezeichne, geben Sie mir sicherlich recht. Viel besser
sieht es aus, wenn die Ränder weich in den Hintergrund auslau-
fen.

Sollten Sie das Buch von Anfang bis hierher durchgearbeitet haben, dann wissen Sie schon, welche Funktion dafür geeignet ist.
Wir beginnen mit dem *Papagei rechts,* die Ebene muss markiert
sein.

☑ Bei markierter Ebene *Papagei rechts* klicken Sie in der Ebenen-Palette unten auf die Schaltfläche Ebenenmaske hinzufügen.

 ☑ Aktivieren Sie in der Werkzeug-Palette das Verlaufswerkzeug, stellen Sie in der Optionsleiste den Verlauf auf Schwarz/Weiss und klicken Sie auf die Schaltfläche Linearer Verlauf.

☑ Mit diesen Einstellungen setzen Sie den Mauszeiger an den unteren Rand des rechten Papageis, halten die Maustaste gedrückt und ziehen etwas nach oben.

Das Ergebnis der Transparenz wird Ihnen sofort angezeigt. Sind Sie mit dem Ergebnis nicht zufrieden, dann setzen Sie neu an und ziehen den Verlauf neu. Dies können Sie beliebig oft wiederholen.

Den gesamten Vorgang wiederholen Sie mit dem linken, vorderen Papagei. Es folgt noch einmal die Anleitung, diesmal aber in Kurzform.

☑ Die Ebene *Papagei links* markieren, Ebenenmaske hinzufügen, Verlaufswerkzeug auswählen, Verlauf erstellen und fertig.

Bei Bedarf lesen Sie die zuvor beschriebenen Schritte noch einmal genau durch.

Bild 11.21:
Das mögliche
Zwischenergebnis

Vorausgesetzt, Ihnen ist kein wesentlicher Fehler unterlaufen, sollte Ihr Ergebnis so ähnlich wie in Bild 11.21 aussehen. Unsere beiden Vögel sind doch richtig prächtig geraten. Was hat doch so eine kleine Transparenz für eine große Wirkung.

11.7 Mit Formen zeichnen

In diesem Abschnitt zeichnen wir etwas stilisiertes Gras und zwei Sprechblasen in unser Bild. Dafür brauchen Sie keine künstlerische Veranlagung, *Photoshop* hält geeignete Werkzeuge und vorgefertigte Formen bereit. Damit gelingt Ihnen so etwas auf Anhieb.

11.7.1 Einstellungen der Form-Werkzeuge

Das Zeichnen der Elemente erfolgt in Sekunden, etwas mehr Zeit müssen Sie sich für die richtigen Einstellungen nehmen. Beginnen wir mit der Auswahl des richtigen Werkzeuges.

☑ Wenn bei Ihnen nicht sofort das EIGENE-FORM-WERKZEUG in der WERKZEUG-Palette sichtbar ist, klicken Sie auf das kleine Dreieck und wählen im Menü das EIGENE-FORM-WERKZEUG.

Rechteck-Werkzeug	U
Abgerundetes-Rechteck-Werkzeug	U
Ellipse-Werkzeug	U
Polygon-Werkzeug	U
Linienzeichner-Werkzeug	U
Eigene-Form-Werkzeug	U

Bild 11.22:
Eine Auflistung aller
FORM-WERKZEUGE

Die weiteren Einstellungen erfolgen alle in der Optionsleiste.

☑ In der linken Hälfte der Optionsleiste müssen die beiden Schaltflächen FORMEBENEN und EIGENE-FORM-WERKZEUG aktiviert sein, wie in Bild 11.23 gezeigt, gegebenenfalls per Mausklick aktivieren.

Bild 11.23:
Ausschnitt aus der Op-
tionsleiste bei aktivem
EIGENE-FORM-WERKZEUG

☑ Klicken Sie im rechten Teil der Optionsleiste im Bereich FORM auf das kleine Dreieck rechts neben der Schaltfläche. Es öffnet sich ein Auswahlmenü mit den verschiedenen Formen.

Bild 11.24:
So sieht die rechte
Hälfte der Optionsleiste
aus bei aktivem EIGENE-
FORM-WERKZEUG

Noch sind wir nicht am Ziel, zuvor müssen die gesuchten Formen von Ihnen geladen werden.

☑ Hierzu klicken Sie in dem Fenster auf die Schaltfläche mit dem Dreieck. Hier wählen Sie dann im neuen Menü den Eintrag ALLE. Die folgende Frage bestätigen Sie im nächsten Fenster mit OK.

☑ Klicken Sie nun in der Formenauswahl auf die gesuchte Form GRAS 2. Haben Sie die Form gefunden, bestätigen Sie Ihre Wahl mit der ⏎-Taste. Anschließend wird sie in der Optionsleiste angezeigt.

Bild 11.25:
Hier werden alle Formen
angezeigt, die von Ihnen
geladen wurden

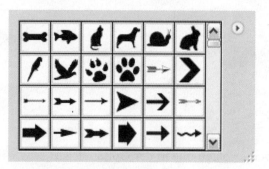

Jetzt müssen Sie noch in der Optionsleiste darauf achten, dass im Bereich STIL wie im Bild 11.24 in dem kleinen Vorschaubild ein weißes Quadrat mit einem roten diagonalen Strich zu sehen ist. Andernfalls klicken Sie auf das Dreieck daneben und wählen diesen Standardstil aus. Es fehlt noch die Farbe für unsere Form.

☑ Ganz rechts in der Optionsleiste klicken Sie im Bereich Farbe auf das Farbkästchen, im neuen Dialogfenster bestimmen Sie ein mittleres Grün als Farbe und bestätigen erneut mit OK.

Um ein paar Grashalme zu zeichnen, waren das eine Menge Einstellungen, gleich können wir damit loslegen. Vorher gibt es aber doch noch etwas zu beachten.

11.7.2 Wir zeichnen die Form

Mit der Form Zeichnen erstellt *Photoshop* automatisch eine neue Ebene. Diese wird über der jeweils markierten Ebene angeordnet. Würden Sie z. B. in der Ebenen-Palette die Ebene *Hintergrund* markieren und dann mit dem Form-Werkzeug zeichnen, sehen Sie nur die Umrisse der Form. Der Inhalt wird durch die darüber liegenden Ebenen teilweise oder ganz verdeckt.

Eigentlich keine große Sache, da Sie ja bereits wissen, dass Sie die Ebenen mit gedrückter Maustaste in der Ebenen-Palette in der Reihenfolge verschieben können.

Einfacher ist es, wenn Sie gleich die Ebene, über der die neue Ebene eingefügt werden soll, markieren. In unserem Beispiel möchten wir die Form ganz oben in der Reihenfolge haben.

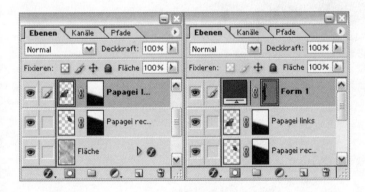

Bild 11.26:
Links wird die oberste Ebene markiert und rechts sehen Sie die neue Formebene

☑ Deshalb klicken Sie in der Ebenen-Palette auf die Ebene *Papagei links*.

☑ Im Bild setzen Sie den Mauszeiger an die gewünschte Stelle und ziehen mit gedrückter Maustaste die Form auf.

Formen nachträglich ändern

Sind Sie mit der Form nicht auf Anhieb zufrieden, lässt sich diese auch ohne neues Zeichnen Ihren Wünschen anpassen. Bei aktivem VERSCHIEBEN-WERKZEUG verschieben Sie mit gedrückter Maustaste die Punkte des BEGRENZUNGSRAHMENS. So können Sie auch nachträglich nach Belieben stauchen oder strecken.

Bild 11.27:
Der Platz für das
gezeichnete Gras

Schon sind wir dem Ergebnis wieder einen Schritt näher gekommen. Hätten Sie gedacht, dass beim Zeichnen mit Formen die Einstellungen die meiste Zeit in Anspruch nehmen?

Um auch weiterhin die Übersicht in der EBENEN-Palette nicht zu verlieren, geben wir der Formebene eine neue Bezeichnung.

☑ In der EBENEN-Palette führen Sie einen Doppelklick direkt auf den Namen *Form 1* aus und benennen diese mit der Bezeichnung *Gras*.

11.8 Das Gleiche noch zweimal

Mit der gleichen Technik produzieren wir zwei Sprechblasen für die beiden Papageien. Soweit es sich um dieselbe Vorgehensweise wie zuvor handelt, erfolgen die Hinweise in einer gestrafften Form. Kommt etwas Neues hinzu, wird es wieder ausführlich.

☑ Auch hier setzen wir das EIGENE-FORM-WERKZEUG ein, aktivieren Sie es gegebenenfalls in der WERKZEUG-Palette.

☑ Im linken Teil der Optionsleiste bleiben die Einstellungen unverändert. Im Bereich FORM klicken Sie auf das Dreieck und öffnen das Auswahlmenü. Hier suchen Sie die Form SPRECHBLASE 1 und wählen diese mit einem Mausklick aus. Diese Auswahl bestätigen Sie mit der ⊡-Taste; die neue Form wird in der Optionsleiste angezeigt.

☑ In der EBENEN-Palette markieren Sie die oberste Ebene *Gras*, damit die neue Formebene darüber angeordnet wird.

☑ Mit gedrückter Maustaste zeichnen Sie im Bild über den Köpfen jeweils eine Sprechblase.

Bild 11.28:
Die ungefähre Position
der Sprechblasen

☑ In der EBENEN-Palette sind durch den Vorgang automatisch wieder zwei neue Ebenen aufgetaucht, für einen besseren Überblick geben wir ihnen aussagefähige Bezeichnungen.

☑ Doppelklicken Sie auf den Namen der jeweiligen Ebene und tragen Sie die neuen Bezeichnungen *Bl_links* und *Bl_rechts* ein; achten Sie darauf, die richtige Ebene zu erwischen.

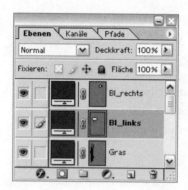

Bild 11.29:
Die beiden Formebenen mit den neuen Bezeichnungen

11.8.1   Die Formebene spiegeln

Die linke Sprechblase wollen wir noch schnell spiegeln.

☑ Markieren Sie in der EBENEN-Palette die Ebene *Bl_links* und führen Sie BEARBEITEN ◆ TRANSFORMIEREN ◆ HORIZONTAL SPIEGELN aus.

11.9 Form mit Stil

Jeder mit den FORM-WERKZEUGEN gezeichneten Form können Sie sowohl beim Zeichnen als auch nachträglich einen Effekt zuordnen. *Photoshop* hat dafür eine große Auswahl an verschiedenen Stilen im Angebot, einen davon nutzen wir für die Sprechblasen. Für unser Beispiel werden wir den Effekt nachträglich anwenden.

☑ Auch dafür muss die Ebene *Bl_links* in der EBENEN-Palette weiterhin markiert sein.

☑ Klicken Sie in der Optionsleiste im Bereich STIL auf das kleine Dreieck, es öffnet sich das Auswahlmenü mit den Standardstilen.

☑ Wählen Sie per Mausklick den Stil BLAUES GLAS (BUTTON), im Bild wird sofort der gewählte Stil angezeigt.

☑ Wiederholen Sie den Vorgang mit der Ebene *Bl_rechts*. Das heißt im Klartext: Formebene *Bl_rechts* markieren, in der Optionsleiste den Stil BLAUES GLAS auswählen.

Langsam, aber sicher erhalten Sie einen Eindruck, wie viel Arbeit in dem einen oder anderen Bild steckt, welches Ihnen in den Printmedien begegnet. Etwas kreativ mit einer Bildbearbeitungssoftware zu arbeiten, ist auf jeden Fall kein Minutenjob.

Möchten Sie noch mehr Stile? Im Auswahlmenü werden bei der Installation nur die Standardstile angezeigt. Über die runde Schaltfläche im Bild 11.30 erhalten Sie Zugang zu den restlichen Stilen und das sind noch eine ganze Menge.

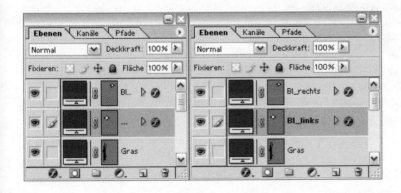

Bild 11.31:
Rechts die etwas verbreiterte EBENEN-Palette, jetzt sind alle Bezeichnungen wieder lesbar

Ein Blick auf die EBENEN-Palette zeigt uns: Dort wird es langsam eng. Nicht, was die Anzahl der Ebenen anbelangt – da kommen Sie nie an die Grenze – aber die Bezeichnungen der beiden obersten Ebenen werden aufgrund von Platzmangel nicht mehr richtig angezeigt. Abhilfe schafft, mit gedrückter Maustaste den linken Rand der EBENEN-Palette etwas nach links zu ziehen, schon wird alles wieder vollständig sichtbar.

11.10   Stile individuell anpassen

Sollten Sie den Wunsch verspüren, einen der Stile etwas zu verändern, ist auch das ohne weiteres machbar. Wir werden die beiden Sprechblasen noch etwas anpassen, um später den Text in weißer Farbe einfacher darauf unterzubringen.

☑ Sie klicken dazu in der EBENEN-Palette doppelt auf das runde Zeichen für den Ebeneneffekt oder alternativ rechts neben der Bezeichnung auf eine leere Stelle.

Es öffnet sich das Dialogfenster EBENENSTIL.

Bild 11.32:
Die Einstellungen
für ABGEFLACHTE
KANTE UND RELIEF

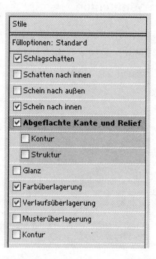

☑ Im linken Teil des Dialogfensters klicken Sie auf ABGEFLACHTE KANTE UND RELIEF.

☑ Reduzieren Sie in der Mitte den Wert für die GRÖSSE auf einen Wert von 21 Px, die anderen Werte belassen Sie unverändert. Zusätzlich aktivieren Sie das Kontrollkästchen vor dem SCHLAGSCHATTEN, danach bestätigen Sie die Einstellungen mit OK.

Bild 11.33:
Hier verändern wir die abgeflachte Kante

☑ Wiederholen Sie diesen Vorgang mit der rechten Sprechblase, wobei Sie diesmal die Größe auf 17 Px reduzieren.

Bild 11.34:
Nun sind auch die Sprechblasen perfekt gelungen

Die Änderungen werden sofort im Bild angezeigt und ich glaube, wir können mit dem Ergebnis mehr als zufrieden sein. Wenn Sie Lust verspüren, experimentieren Sie doch noch mit einigen anderen Einstellungen.

11.11 Text hinzufügen

Auf geht's zum Endspurt. Was wäre eine Einladungskarte ohne Text? Sind mehrere Ebenen im Spiel, wie bei unserem Beispiel, ist es sinnvoll, vor dem Schreiben die jeweilige Ebene zu markieren, über der später der Text erscheinen soll.

Denn genau wie bei den Formen wird der Text in der Stapelfolge direkt über der markierten Ebene angeordnet. Natürlich ist auch ein nachträgliches Verschieben mit gedrückter Maustaste in der EBENEN-Palette machbar. Warum später verschieben, wenn wir den Text gleich richtig anordnen können?

☑ Klicken Sie in der EBENEN-Palette auf die Ebene *Bl_links*, damit ist diese markiert.

☑ Aktivieren Sie in der WERKZEUG-Palette das HORIZONTALE TEXT-WERKZEUG.

☑ In der Optionsleiste suchen Sie eine Schriftart Ihrer Wahl; ich habe mich für *Berlin Sans FB Demi* entschieden.

☑ Im Eingabefeld für SCHRIFTGRAD EINSTELLEN wählen Sie die Schriftgröße 12 Pt.

☑ Für die Ausrichtung klicken Sie auf die Schaltfläche TEXT ZENTRIEREN.

Bild 11.35:
Die Optionsleiste
bei ausgewähltem
Textwerkzeug

☑ Klicken Sie auf die Schaltfläche TEXTFARBE EINSTELLEN.

☑ Bestimmen Sie im Dialogfenster FARBWÄHLER die Farbe WEISS als Schriftfarbe.

Farbwähler

Textfarbe wählen:

OK

Abbrechen

Eigene

⊙ H: 0 ° ○ L: 97

○ S: 2 % ○ a: 2

○ B: 98 % ○ b: 1

○ R: 249 C: 1 %

○ G: 244 M: 3 %

○ B: 244 Y: 2 %

K: 0 %

F9F4F4

☐ Nur Webfarben anzeigen

☑ Setzen Sie im Bild den Mauszeiger auf die linke Sprechblase und schreiben Sie den Text.

Dabei kann es sehr hilfreich sein, zuvor mit dem ZOOM-WERKZEUG oder [Strg]+Pluszeichen die Ansicht zu vergrößern.

☑ Mit dem Wechsel zum VERSCHIEBEN-WERKZEUG erhält der Text einen Begrenzungsrahmen. Sie können ihn problemlos mit gedrückter Maustaste verschieben und somit exakt platzieren.

Wiederholen Sie die Schritte, um einen Text Ihrer Wahl auf die rechte Sprechblase zu schreiben. Hier noch einmal die Anleitung in Kurzform.

☑ Zuerst in der EBENEN-Palette die Ebene *Bl_rechts* markieren, dann in der Optionsleiste Schriftart, Schriftgröße, Schriftfarbe und Ausrichtung einstellen (die rechte Sprechblase ist kleiner, deshalb habe ich auch eine kleinere Schriftgröße von 9 PT gewählt).

Auf die gleiche Weise schreiben wir dann noch den richtigen Einladungstext über der Ebene *Fläche*. Da wir mit unserem Werk keinen Designpreis gewinnen möchten, habe ich der Einfachheit halber die gleiche Schriftart in einer anderen Schriftgröße und Schriftfarbe angewendet. Auch hier erfolgt die Anleitung in etwas gestraffter Form (wenn irgendetwas klemmt, dann weiter oben im Kapitel noch mal genau nachlesen).

☑ Markieren Sie in der EBENEN-Palette die Ebene *Fläche*, aktivieren Sie das HORIZONTALES TEXT-WERKZEUG. In der Optionsleiste verändern Sie die Schriftgröße auf 18 PT und wählen die Farbe ROT als Schriftfarbe oder eine andere Farbe Ihrer Wahl. Schreiben Sie Ihren Text.

Bild 11.38:
Der Text für
die Einladung

**Du bist ganz herzlich
zu meiner Gartenparty
eingeladen**

11.11.1 Schatten für den Text

Der Text für die Einladung sieht noch etwas kümmerlich aus. Denkbar wäre, einen Stil anzuwenden, aber vielleicht reicht schon ein einfacher Schatten aus, um die Wirkung etwas zu erhöhen.

☑ Die Textebene *Du bist....* muss markiert sein. Klicken Sie in der EBENEN-Palette ganz unten auf die Schaltfläche EBENENEFFEKT HINZUFÜGEN.

Bild 11.39:
So wird die Textebene in der EBENEN-Palette angezeigt

☑ Wählen Sie in dem Menü den Eintrag SCHLAGSCHATTEN. Das Dialogfenster EBENENSTIL wird geöffnet. Wir übernehmen hier die Standardeinstellung, Sie müssen also nur auf OK klicken.

Bild 11.40:
Die Auswahl für die Ebeneneffekte

Um sich als Grußkarten-Designer zu bewerben, ist es vielleicht noch etwas zu früh, aber auf jeden Fall kann sich unser Ergebnis sehen lassen. Nutzen Sie die hier vorgestellten Techniken, mixen

Sie diese mit Ihrer Kreativität und produzieren Sie ein völlig eigenes Werk. Dabei wünsche ich Ihnen viel Spaß und Erfolg!

11.12   Datei speichern

Mein Rat zum Speichern des Bildes kommt etwas spät. Stellen Sie sich vor, *Photoshop* wäre mitten in der Arbeit abgestürzt – auch das soll hin und wieder mal vorkommen – dann hätten Sie die ganze vorherige Arbeit wiederholen können.

Deshalb mein grundsätzlicher Rat: Speichern Sie bereits bei Beginn Ihrer Arbeit mit DATEI ◆ SPEICHERN UNTER und in kurzen Zeitabständen führen Sie dann DATEI SPEICHERN aus. Dann sind Sie immer auf der sicheren Seite.

Als Dateiformat empfehle ich Ihnen für unser Beispiel, das *Photoshop*-eigene Format *.psd*. Damit bleiben alle Ebenen, Formen und der Text weiterhin erhalten und editierbar. Sie können dann auch zu einem späteren Zeitpunkt einzelne Elemente problemlos ändern.

Zum Schluss stellt Hugo Pixel wieder die Frage: „Was haben wir in diesem Kapitel gelernt?". Da fällt mir als Erstes ein, dass ein anständiges Werk auch anständig Zeit braucht, so husch husch auf die Schnelle ist das einfach nicht möglich.

Wie es der Zufall so wollte, haben wir mit den wichtigsten Funktionen von *Photoshop* gearbeitet, die Sie auch zukünftig bei Ihren eigenen Arbeiten permanent gebrauchen.

Am meisten Spaß hat mir gemacht aufzuzeigen, dass auch wir Anfänger schon was können!

12 Ab in den Drucker

In vielen Fällen besteht der Wunsch, die Bilder auch auf das Papier zu bringen. Die meisten Anwender werden einen Tintenstrahldrucker besitzen und mit dem richtigen Papier gelingen damit ganz hervorragende Resultate. *Photoshop* unterstützt Sie dabei mit seiner gelungenen Druckvorschau.

Als Beispiel ist da noch unsere Einladungskarte vom vorherigen Kapitel, die möchten wir als eine Faltkarte ausdrucken.

In diesem Kapitel gibt es Informationen über
☐ das Skalieren mit der Druckvorschau,
☐ die Bildauflösung ohne Neuberechnung,
☐ die Bildauflösung mit Neuberechnung,
☐ einen Rundgang in der Druckvorschau,
☐ das Duplizieren eines Bild,
☐ das einstellen des Querformats und
☐ unsere Faltkarte mit Schnittmarken.

Voraussetzung für das Ausdrucken auf einem Drucker ist der richtige Anschluss an Ihrem Rechner und die ordnungsgemäße Installation des Druckertreibers. In vielen Fällen ist beim Kauf eines Druckers eine Bedienersoftware im Karton zu finden, bei dieser Installation wird der Druckertreiber automatisch eingebunden.

Hat Ihnen *Windows* bei der Installation keine Fehlermeldungen gegeben, lehnen Sie sich beruhigt zurück. Ihr Drucker ist danach automatisch für alle Programme, die auf Ihrem System laufen, betriebsbereit. Auch in *Photoshop* bedarf es keiner weiteren Einstellungen, um erfolgreich mit dem Drucker zu kommunizieren.

12.1 Das Bild muss auf den Drucker

Es versteht sich von selbst, dass Sie nur ein Bild ausdrucken können, das nicht größer ist als Ihr Papier im Drucker (meist müssen Sie auch noch einen nicht bedruckbaren Rand einkalkulieren). Im Kapitel 3, „Was wir wissen müssen", war die Rede von der richtigen Auflösung für den Druck. Wie war das noch mal, hatte die Bildgröße etwas mit der Auflösung zu tun oder irre ich mich da?

Was sollen wir da lange rumraten, wir machen das wie bisher, Schritt für Schritt, und wir kommen den Geheimnissen wieder auf die Spur.

12.1.1   In der Druckvorschau skalieren

Zuerst brauchen wir ein Bild zum Üben. Ich mache es etwas kompliziert, damit Sie später für alle Eventualitäten gerüstet sind. Sie erinnern sich vielleicht, für den Druck auf dem eigenen Tintenstrahldrucker wird eine Bildauflösung von 150 DPI (Pixel/Inch) oder sogar 300 DPI empfohlen.

Unser erstes Beispielbild hat nur 72 DPI und ist außerdem etwas zu groß für ein DIN-A4-Blatt. Ist Ihnen das kompliziert genug? Mal sehen, was für eine Lösung sich anbietet.

☑ Laden Sie von der CD die Datei *Augen.psd* aus dem Ordner *Bildmaterial\Kapitel 12.*

Das Bild wurde von Hugo Pixel unter seinem richtigen Namen Kay Michael Kuhnlein als „Digital Art" produziert, weitere Beispiele sind unter *www.kad-digital.de* zu sehen.

☑ Führen Sie DATEI ♦ DRUCKEN MIT VORSCHAU aus, so gelangen Sie in das Dialogfenster DRUCKEN.

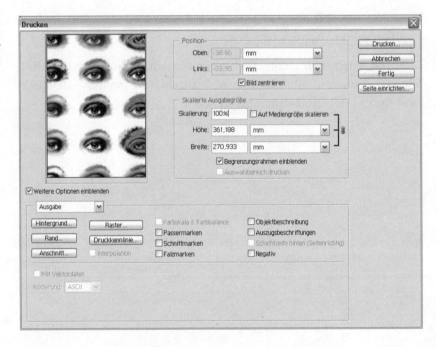

Beim ersten Blick auf das Dialogfenster schießt einem die Frage in den Kopf: Ging es nicht vielleicht auch eine Nummer kleiner? Auf den zweiten Blick sieht das schon anders aus; auch für uns noch nicht perfekte Anwender sind alle Einstellungen nutzbar.

In der Mitte, im Bereich SKALIERUNG, erhalten wir die Information über die Maße unseres Bildes: 361,188 mm hoch und 270,933 mm breit. Wie bereits erwähnt, etwas zu groß für das DIN-A4-Blatt im Drucker. Also was liegt näher, als das Bild passend zu skalieren?

Je nach gewünschter Ausgabegröße erhalten wir mehrere Möglichkeiten für diese Aufgabe. Nehmen wir mal an, wir möchten unser Bild mit einer maximalen Breite von 150,000 mm drucken.

☑ Geben Sie im Dialogfenster DRUCKEN im Bereich SKALIERTE AUSGABEGRÖSSE im Feld BREITE einen Wert von `150,000 mm` ein.

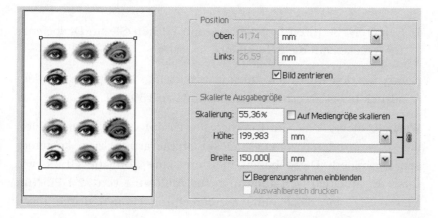

Bild 12.3:
Das Dialogfenster
DRUCKEN nach der
Änderung

Photoshop hat automatisch die neue Ausgabegröße proportional berechnet, anders macht das auch wenig Sinn, wer möchte schon ein verzerrtes Bild ausdrucken.

Interessant ist die Änderung im Vorschaufenster, unser Bild ist nun in der Mitte einer weißen Fläche angeordnet. Vielleicht haben Sie es schon geahnt, in dem Vorschaufenster wird entsprechend Ihrem Drucker der druckbare Bereich angezeigt. Der kann je nach Druckermodell geringfügig anders ausfallen.

Bild skalieren in der Druckvorschau

Wenn Sie im Dialogfenster DRUCKEN ein Bild skalieren, geschieht dies nur für den folgenden Ausdruck. Die Originalgröße der Bilddatei bleibt unverändert erhalten.

War da nicht noch was mit der Auflösung? Richtig, wir haben nur eine Bildauflösung von 72 DPI, trotzdem erhalten Sie bei einem Ausdruck eine zufrieden stellende Qualität.

Wir haben unser Beispielbild immerhin um ca. 55% skaliert, bei einer solch großen Reduzierung, ist auch eine Auflösung von 72 DPI noch ausreichend. Sie glauben mir nicht? Recht haben Sie, opfern Sie ein Blatt Papier und etwas Tinte und probieren Sie es aus.

☑ Schalten Sie Ihren Drucker ein und klicken Sie im Dialogfenster DRUCKEN auf die Schaltfläche DRUCKEN.

Heben Sie den Ausdruck auf und vergleichen ihn später mit dem Ausdruck bei einer erhöhten Auflösung von 150 DPI.

Weshalb dieser Test? Im Internet gibt es auf vielen Seiten Bilder, die so genannten *Wallpaper* (Desktophintergrund) zum kostenlosen Download. Diese haben meistens eine ähnliche Größe wie unser Beispielbild und auch nur eine Auflösung von 72 DPI. Nun wissen Sie, wie diese ohne Neuberechung einfach durch Ihren Drucker auf das Papier kommen.

12.2 Bildauflösung für den Druck einstellen

Um keine Missverständnisse aufkommen zu lassen, grundsätzlich sollte beim Druck schon eine Auflösung von mindestens 150 DPI vorhanden sein. Nur bei einer starken Reduzierung der Bildgröße geht es auch schon mal mit den 72 DPI ohne Qualitätseinbuße.

Wir versuchen jetzt die zweite Möglichkeit, die vorhandene Auflösung von 72 DPI in 150 DPI zu ändern.

12.2.1   Bildauflösung ohne Neuberechnung

Das Bild aus dem ersten Arbeitsschritt ist weiterhin in *Photoshop* geöffnet. Für die folgende Übung gehen wir davon aus, dass unser Originalbild unverändert bleiben soll, also arbeiten wir mit einer Kopie.

☑ Die erhalten Sie mit BILD ◆ BILD DUPLIZIEREN.

☑ In einem neuen Fenster fragt Sie *Photoshop*, ob Sie mit dem vorgeschlagenen Namen einverstanden sind, bestätigen Sie mit OK.

☑ Wir haben danach das Bild in doppelter Ausfertigung. Achten Sie darauf, nicht wieder in das Originalbild oder dessen Titelleiste zu klicken, sonst würden Sie doch das Originalbild ändern.

☑ Rufen Sie BILD ◆ BILDGRÖSSE auf, so wird das gleichnamige Dialogfenster geöffnet.

☑ Im Dialogfenster BILDGRÖSSE finden Sie unten ein Kontrollkästchen für BILD NEU BERECHNEN MIT.

☑ Dieses muss wie in Bild 12.4 deaktiviert sein. Gegebenenfalls deaktivieren Sie es mit einem Mausklick.

☑ Dann tragen Sie im Feld für AUFLÖSUNG einen Wert von 150 ein.

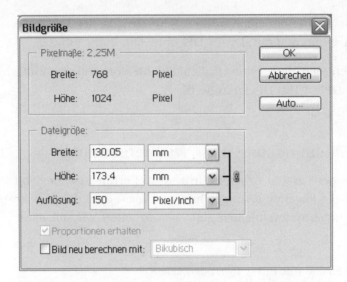

Bevor Sie mit OK bestätigen, schauen wir genau hin, was passiert ist. Durch den Eintrag der neuen Auflösung von 150 Pixel/Inch hat *Photoshop* ohne weiteres Zutun die Maße des Bildes reduziert.

Warum dies so ist, möchte ich versuchen, mit wenigen Worten zu erklären. Bei einer Auflösung von 72 DPI werden auch 72 Pixel auf einen Inch (2,54 cm) gedruckt. Auf diesem Inch werden nach einer veränderten Auflösung von 150 DPI genau diese 150 Pixel verstaut. Die Punkte rücken näher aneinander und das Bild wird kleiner, je höher also die Auflösung, umso kleiner fällt die Bildgröße aus.

Das funktioniert aber nur, wenn die Auflösung wie bei unserem Beispiel ohne eine Neuberechnung erfolgt. Wie das bei einer Neuberechung aussieht, erforschen wir etwas später.

12.2.2 Wieder in der Druckvorschau

Ausgestattet mit der richtigen Bildauflösung, gehen wir wieder in die Druckvorschau und nehmen einige weitere Möglichkeiten unter die Lupe.

☑ Mit DATEI ◆ DRUCKEN MIT VORSCHAU öffnen Sie erneut das Dialogfenster DRUCKEN.

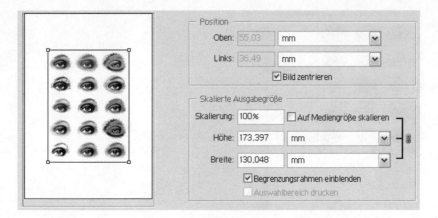

Bild 12.5:
Ausschnitt des Dialog-
fensters DRUCKEN mit
der neuen Auflösung

Bei unserem ersten Besuch hatten wir in diesem Dialogfenster die Bildmaße skaliert (vgl. Bild 12.2). Dank der reduzierten Maße, durch die höhere Auflösung im vorangegangenen Schritt, ist das diesmal nicht notwendig.

Im Vorschaufenster ist das Bild zentriert angeordnet, da im Dialogfenster im Bereich POSITION das Kontrollkästchen für BILD ZENTRIEREN aktiviert ist. Was passiert, wenn wir dieses deaktivieren?

☑ Klicken Sie im Dialogfenster DRUCKEN auf das Kontrollkästchen vor dem Eintrag BILD ZENTRIEREN, damit dieses deaktiviert ist.

Wenn Sie nun den Mauszeiger auf das Vorschaubild bewegen, wird dieser als ein Kreuz mit Pfeilen dargestellt und mit gedrückter Maustaste lässt sich das Bild frei verschieben, wie in Bild 12.6 zu sehen. Dabei besteht dann auch die Gefahr, das Bild über den eigentlichen Druckbereich hinaus zu schieben. Alternativ geben Sie die exakten Werte in die betreffenden Eingabefelder ein. So bestimmen Sie, an welcher Stelle das Bild auf dem Papier gedruckt wird.

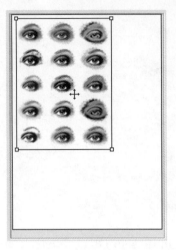

Außerdem erkennen Sie im Vorschaubild einen Begrenzungsrahmen; er wird nur dann angezeigt, wenn im Dialogfenster der entsprechende Eintrag BEGRENZUNGSRAHMEN EINBLENDEN mit einem Häkchen aktiviert ist.

Über die Eckpunkte des Begrenzungsrahmens lässt sich mit gedrückter Maustaste das Bild ebenfalls skalieren, gleichzeitig erhalten Sie die genaue Information der Bildgröße in den Eingabefeldern.

Da wäre dann noch im Bereich SKALIERTE AUSGABEGRÖSSE der Eintrag AUF MEDIENGRÖSSE SKALIEREN. Aktivieren Sie dieses Kontrollkästchen, wird das Bild maximal auf den tatsächlich vorhandenen Druckbereich vergrößert oder verkleinert. Diese Funktion sollten Sie nur für eine Reduzierung der Bildmaße einsetzen.

Auf Mediengröße skalieren

Im Dialogfenster DRUCKEN sollten Sie die Funktion AUF MEDIENGRÖSSE SKALIEREN nur dann einsetzen, wenn Sie damit das Bild verkleinern. Bei einer Vergrößerung kann sich die Bildqualität verschlechtern. Bei einer Erhöhung der Bildmaße ist die Neuberechnung über BILD • BILDGRÖSSE auf jeden Fall vorzuziehen.

Fassen wir kurz zusammen: Wir haben weitere Funktionen in der Druckvorschau kennen gelernt, die wir aber für unser Beispiel im Moment nicht weiter nutzen wollen. Wir möchten unser Bild mit den 150 DPI aufs Papier bringen. Der Drucker ist eingeschaltet und selbstverständlich haben Sie auch Papier eingelegt.

☑ Klicken Sie im Dialogfenster DRUCKEN auf das Kästchen vor dem Eintrag BILD ZENTRIEREN, um es zu aktivieren, und klicken Sie auf DRUCKEN.

Den Ausdruck können Sie dann mit dem Druckergebnis von vorhin vergleichen und sich somit ein eigenes Urteil bilden.

Wenn Sie abschließend die vorher erstellte Kopie schließen, werden Sie von *Photoshop* gefragt, ob Sie die Änderungen speichern wollen; entscheiden Sie sich für eines der beiden Angebote. Die Frage bezieht sich nur auf die Kopie, denn an unserem Original ist alles unverändert.

Halten wir noch einmal fest: Bei Änderung der Auflösung ohne Neuberechnung wird die Bildgröße reduziert, so dass wir keinen direkten Einfluss auf die neuen Maße nehmen können.

12.2.3   Bildauflösung mit Bildneuberechnung

In der Praxis wird es wohl in den meisten Fällen so aussehen, dass Sie ein Bild aus dem Internet, vom Scanner oder Ihrer Digitalkamera auf Ihrer Festplatte haben. Dieses Bild möchten Sie nun in einer ganz bestimmten Größe ausdrucken. Mit anderen Worten, wir möchten je nach Ausgangsbild die Auflösung und die Bildmaße nach unseren Wünschen gleichzeitig verändern.

☑ Laden Sie zur Übung von der CD das Bild *Hut-Apfel.psd* aus dem Ordner *Bildmaterial\Kapitel 12*.

Auch dieses Bild möchten Sie vielleicht in der Originaldateigröße behalten, deshalb muss wieder eine Kopie her.

☑ Erstellen Sie mit BILD ♦ BILD DUPLIZIEREN eine Kopie. Die freundliche Nachfrage im folgenden Dialogfenster bestätigen Sie einfach mit OK.

Das Originalbild können Sie gleich wieder schließen, es wird nicht mehr gebraucht. Jetzt hätten wir gerne gleichzeitig die Information über die Bildgröße und Bildauflösung, die erhalten wir nur im Menü BILDGRÖSSE.

☑ Öffnen Sie mit BILD ♦ BILDGRÖSSE das gesuchte Dialogfenster.

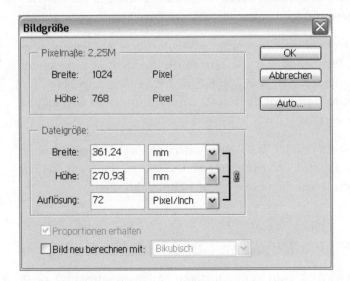

Wir sind jetzt etwas schlauer: Unser Bild hat die Maße von 361,24 mm x 270,93 mm bei einer Auflösung von 72 Pixel/Inch (DPI). Entsprechend unserer Kapitelüberschrift erfolgen diesmal die Änderungen mit einer Bildneuberechnung.

☑ Aktivieren Sie im Dialogfenster BILDGRÖSSE das Kontrollkästchen vor dem Eintrag BILD NEU BERECHNEN MIT. Im Auswahlmenü daneben wählen Sie BIKUBISCH, wenn es da nicht bereits angezeigt wird. Auch die Einstellung PROPORTIONEN ERHALTEN bekommt ein Häkchen.

Einigen wir uns auf eine neue Bildgröße bei einer Breite von 230,0 mm und einer Auflösung von 150 DPI für den Ausdruck.

☑ Tragen Sie im Feld BREITE den Wert von 230,000 ein und ändern Sie die AUFLÖSUNG auf 150; bestätigen Sie mit OK.

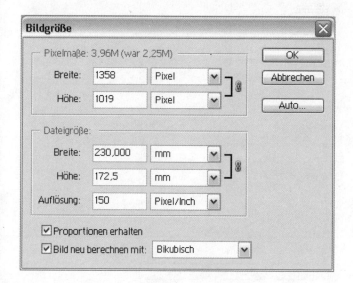

Bild 12.8:
Die neuen Einstellungen

Zwischenzeitlich ist Ihnen wahrscheinlich auch schon aufgefallen, dass unser Beispielbild ein Querformat hat. Mal sehen, was die Druckvorschau dazu sagt.

☑ Rufen Sie wieder DATEI ♦ DRUCKEN MIT VORSCHAU auf, im Dialogfenster DRUCKEN klicken Sie auf die Schaltfläche SEITE EINRICHTEN.

☑ Aktivieren Sie im gleichnamigen Dialogfenster den Eintrag QUERFORMAT im Bereich ORIENTIERUNG und klicken auf OK.

Zurück in der eigentlichen Druckvorschau erblicken wir danach ein Vorschaubild im Querformat. Es wird uns wieder korrekt angezeigt, wo unser Bild später auf dem Papier landet. Möchten Sie es jetzt ausdrucken, wartet die Schaltfläche DRUCKEN auf Ihren Mausklick.

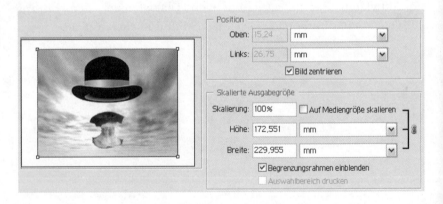

12.3 Schnittmarken verwenden

Mit dem Ergebnis aus Kapitel 11, „Einladungskarte handgemacht", haben wir ein ganz hervorragendes Beispiel für den Einsatz von Schnittmarken. Was, Sie haben diese Einladungskarte
noch nicht nachgebaut? Keine Sorge, Sie finden die Datei ebenfalls
auf der CD.

☑ Laden Sie die Datei *Einladungskarte.psd* von der CD aus dem
   Ordner *Bildmaterial\Kapitel 12*.

Stellen Sie sich vor, Sie möchten diese Karte als eine Faltkarte
gestalten. Eine Möglichkeit wäre, nach dem Ausdrucken die feh-
lende Fläche mit Lineal und Stift zu zeichnen und dann auszuschneiden.

Etwas Nachdenken und die Funktionsvielfalt von *Photoshop* ermöglicht sicherlich eine elegantere Lösung.

12.3.1 Die Faltkarte

Wir brauchen für eine Faltkarte zusätzlich eine identisch große
Fläche der Vorderseite. Das erledigen wir mit der Vergrößerung
der Arbeitsfläche auf die doppelte Breite. Doch zuerst erstellen wir
wieder eine Kopie, um die Originaldatei nicht zu verändern.

☑ Mit BILD ◆ BILD DUPLIZIEREN erhalten Sie die gewünschte Kopie.
   Die Originaldatei können Sie schließen.

Um bequem alle Ebenen in der neuen, verbreiterten Datei zu verschieben, reduzieren wir alle Ebenen auf den Hintergrund.

☑ Wählen Sie EBENE ◆ AUF HINTERGRUNDEBENE REDUZIEREN.

Uns fehlt noch die weiße Fläche, die später als Rückseite der Faltkarte dient.

☑ Klicken Sie in der EBENEN-Palette mit der rechten Maustaste auf
   die Ebene *Hintergrund* und im Kontextmenü führen Sie EBENE

DUPLIZIEREN aus. Die folgende Abfrage von *Photoshop* beantworten Sie mit OK.

☑ Markieren Sie in der EBENEN-Palette die Ebene *Hintergrund* und rufen Sie BEARBEITEN ◆ FLÄCHE FÜLLEN auf.

☑ Wählen Sie im Dialogfenster FLÄCHE FÜLLEN bei FÜLLEN MIT die Farbe WEISS aus dem Auswahlmenü und beenden Sie die Aktion mit OK.

Bleibt noch übrig, die Arbeitsfläche um die doppelte Breite zu vergrößern und je nachdem, wo Sie später einmal falten möchten, die Vorderseite an die rechte oder linke Seite zu schieben.

☑ Wählen Sie BILD ◆ ARBEITSFLÄCHE, um das benötigte Dialogfenster zu aktivieren.

Darin wird die derzeitige Breite von 114,98 mm angezeigt.

☑ Geben Sie den neuen Wert von 230,000 mm im Feld für BREITE ein und klicken auf OK.

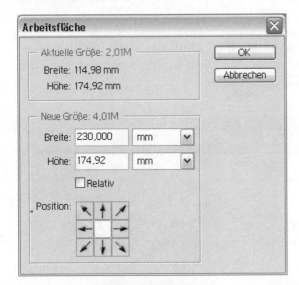

Ebene an der rechten Seite ausrichten

Wie bereits zuvor erwähnt, wollen wir die Vorderseite an der linken oder rechten Seite ausrichten. Da gerade dieser Punkt in der Hilfe von *Photoshop* etwas stiefmütterlich behandelt wird, erhält dieser Hinweis eine eigene Überschrift. Für unser Beispiel entscheiden wir uns für die rechte Seite.

☑ Aktivieren Sie in der WERKZEUG-Palette das VERSCHIEBEN-WERKZEUG.

☑ Markieren Sie in der EBENEN-Palette die Ebene *Hintergrund Kopie*.

☑ Führen Sie AUSWAHL ◆ ALLES AUSWÄHLEN aus oder drücken Sie alternativ die Tastenkombination [Strg]+[A].

☑ Klicken Sie in der Optionsleiste auf die Schaltfläche Rechte Kanten ausrichten.

☑ Entfernen Sie danach die Auswahl wieder über Auswahl ✦ Auswahl aufheben oder mit den Tasten [Strg]+[D].

Bild 12.14:
Diese Schaltflächen
werden in der
Optionsleiste aktiv

Hat doch alles prima funktioniert und war noch nicht mal so kompliziert. Jetzt überprüfen wir noch in der Druckvorschau, wie uns die Schnittmarken weiterhelfen.

Bild 12.15:
Die Faltkarte
ist gelungen

☑ Rufen Sie Datei ✦ Drucken mit Vorschau auf.

☑ Im Dialogfenster müssen Sie nicht die Seite neu einrichten, da vom letzten Mal noch das Querformat eingestellt ist.

☑ Aktivieren Sie das Kontrollkästchen vor SCHNITTMARKEN und de-aktivieren Sie den Eintrag BEGRENZUNGSRAHMEN EINBLENDEN.

So erkennen Sie die Schnittmarken im Vorschaufenster viel bes-ser.

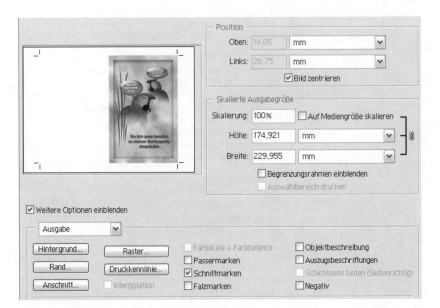

Haben Sie eine Schneidemaschine zu Hause, ist das Beschneiden auch von der weißen Fläche nun ein reines Kinderspiel.

Was haben Sie gelernt? Neben den Routinejobs beim Drucken, haben wir auch nicht alltägliche praxisorientierte Situationen durchgespielt. Damit dürften Sie bei den kommenden täglichen Arbeiten keine Probleme mit dem Drucken haben.

Ganz zum Schluss noch ein Hinweis zum richtigen Papier. Für ein optimales Druckergebnis, ist neben der Bildauflösung die Papier-wahl genauso wichtig, wenn nicht sogar von noch größerer Be-deutung. Leider gibt es auch da keinerlei allgemein gültige Regeln oder Tipps, da jedes Druckermodell bei einer anderen Papiersorte zur Höchstform aufläuft. Investieren Sie etwas Zeit und Geld für die Tinte und testen Sie einige Papiere, Sie werden dann über die unterschiedlichen Resultate echt erstaunt sein.

13 Gefiltert

Nicht nur gefilterter Kaffee ist für viele Menschen ein wahrer Genuss, auch gefilterte Bilder und deren visueller Eindruck erfreuen viele Betrachter.

Die meisten Filter geben Ihren Bildern einen künstlerischen Touch oder einen bestimmten Effekt.

In diesem Kapitel beschäftigen wir uns mit Filtern, vor allem
☐ RADIALER WEICHZEICHNER,
☐ GROBE MALEREI und
☐ GAUSSSCHER WEICHZEICHNER.

Außerdem lernen Sie, wie Sie
☐ die *Hintergrund*-Ebene duplizieren,
☐ den Radiergummi einsetzen,
☐ eine Struktur hinzufügen,
☐ eine Füllmethode anwenden sowie
☐ ein Bild „zeichnen".

Eigentlich könnten Sie einen Spaziergang durch das Filterangebot ohne mich durchführen. In den meisten Fällen rufen Sie einen Filter auf, verschieben ein paar Regler und betrachten anschließend das Ergebnis. Brauchen Sie dafür Hugo Pixel?

Vielleicht doch, es gibt da den einen oder anderen Trick, der über die normale Filterzuweisung hinaus einen ganz bestimmten Effekt erzeugt. Dabei spielen sehr oft mehrere Ebenen und unterschiedliche Füllmethoden eine große Rolle.

Ich werde mit Ihnen einiges davon ausprobieren und wir lassen uns dann erneut von dem Ergebnis überraschen.

13.1 Radialer Weichzeichner pur

Was machen wir zuerst? Richtig, ein Beispielbild öffnen.

☑ Laden Sie von der CD das Bild *Flugzeug.psd* aus dem Ordner *Bildmaterial\Kapitel 13.*

☑ Rufen Sie dann FILTER ✦ WEICHZEICHNUNGSFILTER ✦ RADIALER WEICH-ZEICHNER auf.

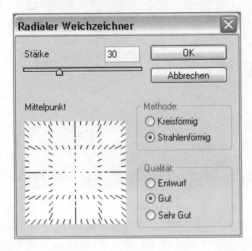

Bild 13.1:
Der Filter RADIALER WEICHZEICHNER

Das Dialogfenster für RADIALER WEICHZEICHNER ist ein Beispiel dafür, wie wenig das Vorschaufenster aussagt. Suchen Sie hier die richtige Einstellung, müssen Sie etwas einstellen und zuweisen. Erst dann erhalten Sie die Möglichkeit, das Ergebnis zu begutachten. Sind Sie nicht zufrieden, wird über BEARBEITEN ✦ SCHRITT ZURÜCK der Effekt wieder eliminiert und Sie dürfen einen neuen Versuch starten. Für unser Beispiel habe ich schon mal im dunklen Kämmerchen einige Einstellungen ausprobiert, deshalb starten wir gleich mit der richtigen.

☑ Im Dialogfenster schieben Sie den Regler für STÄRKE auf 30, aktivieren den Eintrag für STRAHLENFÖRMIG sowie GUT im Bereich QUALITÄT und bestätigen mit OK.

Mal ganz ehrlich, sind Sie mit dem Resultat zufrieden? Wir haben jetzt etwas Dynamik im Bild, aber dafür ist das Flugzeug doch etwas sehr unscharf. Im Fotoladen hätten Sie das Bild höchstwahrscheinlich zurückgegeben. Wir geben noch nicht auf, etwas experimentieren kann nichts schaden.

13.2 Radialer Weichzeichner und ...

Der folgende Trick ist nicht ausschließlich auf den RADIALER WEICHZEICHNER beschränkt, ganz im Gegenteil, er eignet sich für fast alle Filter. Es lohnt sich auf jeden Fall, einige Filter auf diese Weise zu testen.

Was haben wir vor? Wir duplizieren den Hintergrund, den Filter wenden wir auf das Duplikat an und dann sehen wir weiter.

13.2.1 Hintergrundebene duplizieren

☑ Sie laden noch einmal von der CD die Datei *Flugzeug.psd* aus dem Ordner *Bildmaterial\Kapitel 13*.

☑ In der EBENEN-Palette klicken Sie mit der rechten Maustaste auf die Ebene *Hintergrund* und führen EBENEN DUPLIZIEREN aus, die folgende nette Frage von *Photoshop* beantworten Sie mit OK.

Bild 13.3:
Die *Hintergrund*-Ebene ist dupliziert

In der EBENEN-Palette ist die neue Ebene automatisch ausgewählt, dieses nicht ändern.

☑ Rufen Sie erneut FILTER ♦ WEICHZEICHNUNGSFILTER ♦ RADIALER WEICHZEICHNER auf. Diesmal schieben Sie den Regler für STÄRKE auf 100 und weisen mit OK zu.

Bild 13.4:
RADIALER WEICHZEICHNER mit veränderter Einstellung

13.2.2 Den Radiergummi einsetzen

Wenn Sie sich wiederholt fragen, was soll das jetzt, haben Sie schon wieder Recht. Aber jetzt kommt der kleine Trick, wir werden Teile der oberen Ebene mit dem Radierer entfernen und es werden Bereiche vom Originalbild sichtbar.

☑ Aktivieren Sie in der WERKZEUG-Palette das Werkzeug RADIER-GUMMI.

☑ Klicken Sie in der Optionsleiste auf das kleine Dreieck im Bereich PINSEL.

☑ Wählen eine weiche Werkzeugspitze in der Größe von 100 Px. Die Deckkraft reduzieren Sie auf 60%.

Bild 13.5:
Die Einstellungen
für den RADIERGUMMI

Bild 13.6:
Das ist die geeignete
Werkzeugspitze

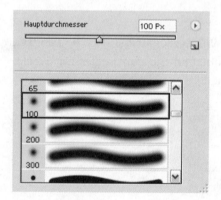

☑ Hilfreich bei der folgenden Bearbeitung ist, wenn Sie mit dem ZOOM-WERKZEUG vorübergehend die Ansicht vergrößern. Dazu klicken Sie mit dem Werkzeug in das Bild.

☑ Klicken Sie mit dem RADIERGUMMI mehrfach in das Bild und entfernen damit Bereiche aus der oberen Ebene. Ziel ist es, die meisten Teile des Flugzeuges in der unteren Ebene wieder sichtbar zu machen. Orientieren Sie sich dabei am Bild 13.7.

So gefällt es mir schon viel besser, Ihnen auch? Wir haben jetzt richtige Dynamik im Bild und das Flugzeug ist gut sichtbar. Suchen Sie in Ihrem Archiv nach geeigneten Photos und testen Sie diese Technik. Versuchen Sie es ebenfalls mit einer anderen Werkzeugspitze.

13.3 Zwei Filter auf einem Bild

Sehr beliebt sind die Filter, mit denen ein Photo wie von Rembrandt oder van Gogh gemalt aussieht. In *Photoshop* finden Sie diese Filter in der Gruppe KUNSTFILTER und MALFILTER.

Einen davon werden wir erproben und danach kommt noch ein Filter aus der Gruppe STRUKTURIERUNGSFILTER ins Spiel.

☑ Laden Sie von der CD das Bild *Woman03.psd* aus dem Ordner *Bildmaterial\Kapitel 13*.

13.3.1 Grobe Malerei

☑ Rufen Sie FILTER ◆ KUNSTFILTER ◆ GROBE MALEREI auf.

☑ Wählen Sie dann für PINSELGRÖSSE 1, für DETAILS 10 und für STRUKTUR 1 aus und bestätigen Sie mit OK.

Vielleicht ist die visuelle Wirkung noch stärker, wenn das Bild auf einer Leinwand erscheint, so wie die alten Meister ihre Werke malten. Auch dafür hält *Photoshop* einen Filter bereit.

13.3.2 Mit Struktur versehen

☑ Rufen Sie FILTER ◆ STRUKTURIERUNGSFILTER ◆ MIT STRUKTUR VERSEHEN auf.

☑ Wählen Sie bei STRUKTUR aus dem Menü den Eintrag LEINWAND, den Regler für SKALIERUNG schieben Sie auf 100%, für RELIEF auf einen Wert von 4, bei LICHTPOSITION wählen Sie den Menüeintrag OBEN und klicken auf OK.

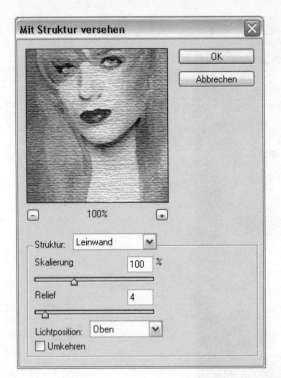

Die Zusammenarbeit beider Filter zeigt eine gelungene Visualisie-
rung. Besonders toll ist, Sie brauchen dafür keine künstlerischen
Fähigkeiten, es gelingt mit nur wenigen Mausklicks.

kap13_schritt3.psd @ 100%...

13.4 Zeichnen „Spezial"

Alle Bildbearbeitungsprogramme bieten auch eine Reihe von Filtern für das Zeichnen an. Leider sind die Ergebnisse alle nicht so berauschend. Ich suchte immer nach einer Darstellung, die eine Arbeit mit feinen Bleistiftstrichen wiedergibt.

Schon vor einigen Jahren habe ich, Hugo Pixel, in *Corel Photo Paint* eine Lösung dafür gesucht und tatsächlich eine gefunden. Nun werde ich gemeinsam mit Ihnen versuchen, diesen Weg auch in *Photoshop* umzusetzen.

13.4.1 Sättigung verringern und Hintergrundebene duplizieren

Für unser Experiment nehmen wir wieder ein Portrait, da erkennen Sie die Wirkung am besten. Die Technik ist jedoch für alle Arten von Photos geeignet.

☑ Bringen Sie das Bild *Woman04* von der CD aus dem Ordner *Bildmaterial\Kapitel 13* auf die Arbeitsfläche.

☑ Danach führen Sie BILD ◆ EINSTELLUNGEN ◆ SÄTTIGUNG VERRINGERN aus.

☑ In der EBENEN-Palette klicken Sie mit der rechten Maustaste auf die Ebene *Hintergrund* und wählen im Menü den Eintrag EBENE DUPLIZIEREN, bei der folgenden Abfrage klicken Sie auf OK.

Sie haben eine neue Ebene mit der Bezeichnung *Hintergrund Kopie* erhalten, diese ist automatisch markiert. Die Markierung nicht ändern.

Bild 13.12:
Der Hintergrund wird
von Ihnen kopiert

Die Farbe wurde mit dem Befehl SÄTTIGUNG VERRINGERN entfernt, da wir eine Bleistiftzeichnung möchten. Wäre Ihnen ein Bild mit Buntstiften gezeichnet lieber, dann lassen Sie diesen Arbeitsschritt einfach aus.

13.4.2 Umkehren und Füllmethode einstellen

Der erste Befehl UMKEHREN lässt sich von Ihnen leicht nachvollziehen, aus dem Bild wird ein Negativ. Eine eventuelle Frage „Warum?" führt uns genau zu den Füllmethoden.

Photoshop bietet verschiedene Füllmethoden an, mit denen eine Ebene mit der darunter liegenden Ebene verrechnet wird. Die daraus resultierende Wirkung werden wir für unser Beispiel nutzen.

☑ Mit BILD ◆ EINSTELLUNGEN ◆ UMKEHREN (alternativ erreichen Sie das auch mit den Tasten (Strg)+(I)) wird aus der Ebene *Hintergrund Kopie* ein Negativ.

In Bild 13.13 wird das derzeitige Resultat gezeigt, denn gleich werden Sie in dem Bild so gut wie gar nichts mehr sehen außer einer weißen Fläche.

Bild 13.13:
Ein Negativ als
Zwischenstation

Kommen wir zu der Füllmethode, die Sie in der EBENEN-Palette bestimmen.

☑ In der EBENEN-Palette öffnen Sie das Auswahlmenü für FÜLLMETHODE FÜR DIE EBENE EINSTELLEN, hier wählen Sie den Eintrag FARBIG ABWEDELN.

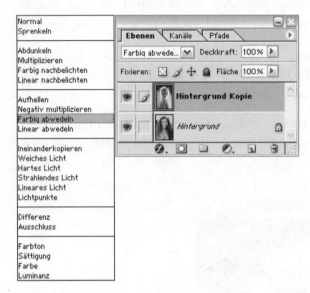

Noch einmal der Hinweis: Sie haben nichts falsch gemacht und alles richtig gelesen. In Ihrem Bild ist wirklich nur eine weiße Fläche sichtbar. Wir ändern es in Kürze.

13.4.3 Gaußscher Weichzeichner

Normalerweise dient der Filter GAUSSSCHER WEICHZEICHNER zum Weichzeichnen eines Bildes. Bei unserem Beispiel macht er ganz genau das gleiche, aber mit einer besonderen Wirkung.

Wenn Sie den Filter aufrufen, wird das Bild mit seinem endgültigen Resultat sofort wieder sichtbar. Mit einem Regler nehmen Sie Einfluss auf das Ergebnis.

☑ Über FILTER ◆ WEICHZEICHNUNGSFILTER ◆ GAUSSSCHER WEICHZEICHNER öffnen Sie das Dialogfenster.

☑ Aktivieren Sie den Eintrag VORSCHAU, sofern dieser nicht bereits aktiviert ist, und schieben Sie den Regler auf einen Wert von ca. 5 PIXEL.

Bild 13.15:
Der Weichzeichner
im Einsatz

Verfolgen Sie die Änderungen im geöffneten Bild. Eventuell gefällt Ihnen ein höherer Wert besser. Sind Sie zufrieden, schließen Sie das Fenster mit OK.

Phantastisch, ich bin von einem solchen Ergebnis immer wieder aufs Neue absolut begeistert. Sieht genau so aus, als wenn sich ein Künstler stundenlang mit dem Bleistift abgemüht hätte. Uns ist das mit einigen wenigen Aktionen in *Photoshop* gelungen.

13.4.4 Feinschliff mit Helligkeit/Kontrast

Die Zeichnung kommt noch besser, wenn wir die Helligkeit ein klein wenig reduzieren. Probieren Sie auch das aus und entscheiden Sie danach.

☑ Führen Sie den Befehl BILD ♦ EINSTELLUNGEN ♦ HELLIGKEIT/KONTRAST aus.

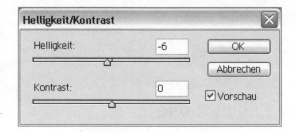

☑ Im Dialogfenster schieben Sie den Regler für HELLIGKEIT auf –6 und klicken auf OK.

Ich glaube, jetzt ist es perfekt und wir werden das Bild auf eine Ebene reduzieren; dann experimentieren wir noch etwas damit.

☑ Über EBENE ◆ AUF HINTERGRUNDEBENE REDUZIEREN werden beide Ebenen mit den zuvor getroffenen Einstellungen zusammengefügt.

Bild 13.18:
Ihr persönlicher
Geschmack ist
hier entscheidend

Das Bild aber weiterhin geöffnet halten, wir brauchen es gleich wieder!

13.5 Effekt mit Füllmethode

Was halten Sie von einer Bildmontage, bei der einzig und alleine die Füllmethode für die Wirkung verantwortlich ist? Wenn ich mich nicht täusche, höre ich ein klares und deutliches Ja von Ihnen.

☑ Öffnen Sie von der CD das Bild *San Diego.psd* au dem Ordner *Bildmaterial\Kapitel 13*.

Das neue Bild soll als Hintergrund für unsere Zeichnung dienen, dabei sollen nur die schwarzen Bereiche sichtbar bleiben. Zuerst wird es etwas weich gezeichnet, dafür setzen wir noch einmal den GAUSSSCHER WEICHZEICHNER ein.

☑ Rufen Sie noch einmal FILTER ◆ WEICHZEICHNUNGSFILTER ◆ GAUSS-SCHER WEICHZEICHNER auf.

☑ Schieben Sie im Dialogfenster den Regler auf 3,2 PIXEL und drücken Sie auf OK.

Bild 13.19:
Da wird alles weich
und etwas unscharf

Im folgenden Schritt dient das neue Photo als Zielbild für unsere Zeichnung.

☑ Aktivieren Sie in der WERKZEUG-Palette das VERSCHIEBEN-WERK-ZEUG.

☑ Klicken Sie damit in die Zeichnung, halten die 🔲-Taste gedrückt und ziehen Sie mit gedrückter Maustaste die Zeichnung in das Zielbild.

13.5.1   Die richtige Füllmethode

Noch ist von dem geplanten Effekt nichts zu erahnen, auch im Zielbild ist nur unsere Zeichnung als neue Ebene zu erkennen, diese ist automatisch markiert – bitte nicht ändern!

Die Füllmethode MULTIPLIZIEREN hat die besondere Eigenschaft, beim Verrechnen der oberen Ebene alle weißen Flächen unsichtbar zu machen, nur die schwarzen Bereiche bleiben sichtbar. Genau das haben wir gesucht.

☑ In der EBENEN-Palette öffnen Sie das Auswahlmenü für FÜLLMETHODE FÜR EBENE EINSTELLEN und klicken auf den Eintrag MULTIPLIZIEREN.

Bild 13.20:
Auf die richtige Füll-
methode kommt es an

Sofort nach dem Einstellen der Füllmethode dürfen Sie sich über das Ergebnis erfreuen. Wie durch Zauberhand sind die weißen Bereiche verschwunden und unsere Zeichnung ist gut auf dem neuen Hintergrund sichtbar.

Wann immer Sie ein Bild mit ausschließlich weißen und schwarzen Flächen haben, ist diese Technik anwendbar.

Das war ein kleiner Ausflug in das sehr große Gebiet von Filtern und Füllmethoden. Den größten Teil müssen Sie leider ohne die Führung von Hugo Pixel ganz alleine erkunden, dafür sind Sie nun mit den richtigen Werkzeugen und Anleitungen ausgerüstet.

Haben Sie mal wieder ein paar Minuten Zeit übrig, arbeiten Sie mit den verschiedenen Filtern und vergessen Sie nicht die Füllmethoden. Dabei wünsche ich Ihnen Ergebnisse, die bewundert werden.

14 Dateibrowser

Möchten Sie Ihre auf der Festplatte gespeicherten Bilder auf den ersten Blick oder wenigstens auf den zweiten Blick finden? In *Photoshop 7* ist das ab sofort möglich.

In diesem Kapitel erfahren Sie, wie Sie
☐ im Dateibrowser navigieren,
☐ ein Bild aus dem Browser öffnen,
☐ Bilder sortieren und
☐ die Ansicht ändern.

Eine der auffälligsten Neuerungen in *Photoshop 7* ist zweifelsfrei der Dateibrowser. Er bietet Ihnen die bequeme Möglichkeit, Ihre Bildbestände zu durchsuchen und zu sichten. In der Funktionsvielfalt kann er es allerdings mit bekannten Programmen wie *ACDSee* oder *Irfan View* nicht ganz aufnehmen, da haben die Programmierer von *Adobe* noch was zu tun für die nächsten Versionen.

14.1 Dateibrowser öffnen

Egal, welches Werkzeug gerade aktiv ist, ganz rechts in der Optionsleiste finden Sie die Registerkarte für den Dateibrowser.

Bild 14.1:
Die Registerkarte für
den Dateibrowser

☑ Klicken Sie in der Optionsleiste auf die Registerkarte DATEIBROWSER.

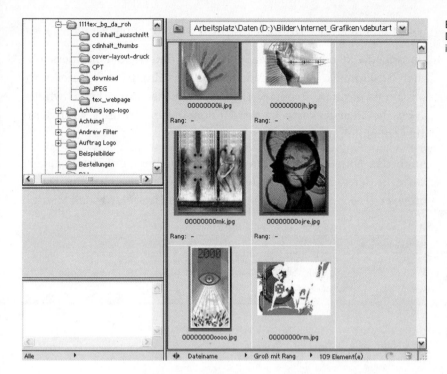

14.1.1 Dateibrowser in einem separaten Fenster

Nach dem ersten Aufruf ist der Dateibrowser standardmäßig am Palettenraum angedockt. Alternativ ist auch eine Darstellung in einem eigenen Fenster möglich. Nur wenn der Dateibrowser geöffnet ist, wird das kleine Dreieck auf der Registerkarte sichtbar, wie in Bild 14.3 zu sehen.

Bild 14.3:
Über das Dreieck
gelangen Sie in
das Menü

☑ Klicken Sie bei geöffnetem Dateibrowser in der Optionsleiste auf das kleine Dreieck in der Registerkarte.

☑ Wählen Sie im neu geöffneten Menü den Eintrag IN SEPARATEM FENSTER EINBLENDEN.

Sofort erscheint der Browser in einem eigenen Fenster.

Ob angedockt oder im eigenen Fenster, entscheidet Ihr persönlicher Geschmack. Ich bevorzuge für dieses Kapitel den Dateibrowser im separaten Fenster. Bei dieser Einstellung verschwindet auch die Registerkarte in der Optionsleiste. Geöffnet wird dann ausschließlich über FENSTER ♦ DATEIBROWSER.

Auch das Öffnen des Menüs erfolgt nicht mehr auf der Registerkarte in der Optionsleiste. Jetzt finden Sie rechts oben im Dateibrowser eine runde Schaltfläche mit einem Dreieck für das Menü.

Bild 14.4:
Ganz rechts finden Sie
jetzt die Schaltfläche
für das Menü

14.2 Ordner suchen

Nach dem ersten Öffnen finden Sie links oben, wie vom *Windows-Explorer* bekannt, eine Verzeichnisstruktur, in der Sie den Ordner mit Ihren Bildern aussuchen.

Bild 14.5:
Eine Verzeichnis-
struktur wie im
Windows-Explorer

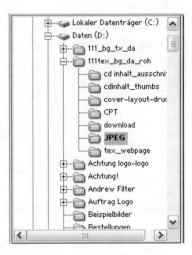

Haben Sie einen Ordner mit einer größeren Menge an Bildern ausgewählt, denken Sie an das Sprichwort „Gut Ding will Weile haben". Beim ersten Mal werden alle Bilder aus dem gewählten Verzeichnis in einen internen Cache eingelesen, das kann etwas dauern. Rufen Sie denselben Ordner zu einem späteren Zeitpunkt erneut auf, geht's dann schneller, *Photoshop* beschränkt sich auf das Aktualisieren.

Dabei müssen Sie beachten, dass Unterordner nicht automatisch berücksichtigt werden, nur ein weiterer Mausklick auf den jeweiligen Ordner startet die Prozedur.

Wenn *Photoshop* mit dem Auslesen fertig ist, sind alle Bilder aus dem gewählten Ordner als so genannte Thumbnails zu sehen. Das sind kleine Vorschaubilder, etwa in der Größe eines Daumennagels (engl. thumbnail = Daumennagel).

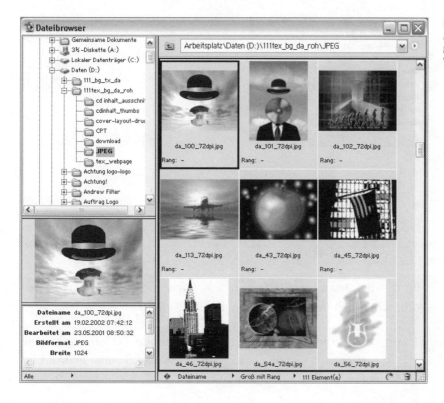

Bild 14.6:
Alle Bilder aus dem gewählten Ordner werden angezeigt

14.3 Bild auswählen

☑ Klicken Sie auf eines der Thumbnails.

Links im mittleren Fenster sehen Sie eine vergrößerte Vorschau des gewählten Bildes. Darunter erhalten Sie Informationen über Datierung, Bildformat, Pixelmaße, Dateigröße und Angaben zum Farbraum.

Haben Sie Photos aus der Digitalkamera, sind die Informationen wesentlich umfangreicher. Alle *EXIF-Daten* erscheinen zusätzlich in der Anzeige.

Bild 14.7:
Die EXIF-Daten aus
der Digitalkamera
in der Anzeige

14.4 Bild aus dem Dateibrowser heraus öffnen

Wurde das gesuchte Photo von Ihnen gefunden, möchten Sie es wahrscheinlich in *Photoshop* zur Bearbeitung öffnen.

☑ Per Doppelklick auf das Thumbnail öffnen Sie das gesuchte Bild. Alternativ ziehen Sie das Thumbnail mit gedrückter Maustaste auf die Arbeitsfläche.

14.5 Bilder drehen, löschen, umbenennen und sortieren

Alle Befehle finden Sie im Kontextmenü, einige davon haben nur eine Auswirkung im Dateibrowser.

Vorsicht beim Löschen!

Besonders beim Eintrag LÖSCHEN ist Vorsicht geboten. Dabei wird nicht nur das Thumbnail entfernt, wie Sie vielleicht annehmen könnten, sondern nach einer Sicherheitsabfrage löschen Sie das Bild auch auf der Festplatte.

☑ Klicken Sie mit der rechten Maustaste auf ein beliebiges Thumbnail und das Kontextmenü ist zur Auswahl bereit.

Die meisten Menüpunkte sind selbsterklärend und bedürfen keiner weiteren Erklärung.

Über die Einträge RANG A bis RANG E erhalten Sie die Möglichkeit, Ihre Bilder neu zu sortieren. Anschließend finden Sie unten im Dateibrowser die Schaltfläche ANSICHT NACH, hier ändern Sie die Ansicht nach Belieben.

14.6 Ansicht der Thumbnails ändern

Für die Darstellung der Thumbnails wählt der Dateibrowser die jeweils zuletzt benutzte Einstellung. Beim ersten Öffnen erfolgt das in der Ansicht GROßE MINIATUR MIT RANG, die als Standard festgelegt ist. Findet es nicht Ihren Gefallen, stehen weitere Ansichten zur Auswahl.

☑ Klicken Sie unterhalb der Titelleiste auf die Schaltfläche ganz rechts und Sie gelangen in das Auswahlmenü.

Sie finden hier auch die verschiedenen Ansichten.

☑ Wählen Sie den Eintrag DETAILS.

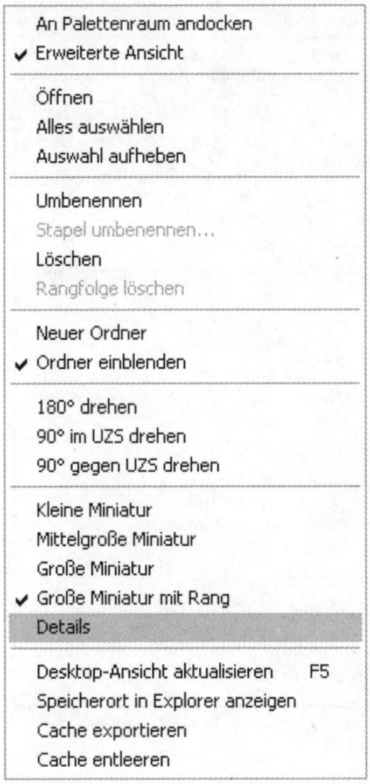

An Palettenraum andocken
✔ Erweiterte Ansicht

Öffnen
Alles auswählen
Auswahl aufheben

Umbenennen
Stapel umbenennen...
Löschen
Rangfolge löschen

Neuer Ordner
✔ Ordner einblenden

180° drehen
90° im UZS drehen
90° gegen UZS drehen

Kleine Miniatur
Mittelgroße Miniatur
Große Miniatur
✔ Große Miniatur mit Rang
Details

Desktop-Ansicht aktualisieren   F5
Speicherort in Explorer anzeigen
Cache exportieren
Cache entleeren

Bild 14.11:
Ändern Sie die Ansicht

Danach sollte Ihr Dateibrowser die Thumbnails anzeigen, wie in
Bild 14.12 zu sehen. Finden Sie die Ansicht, die Ihnen persönlich
am ehesten zusagt.

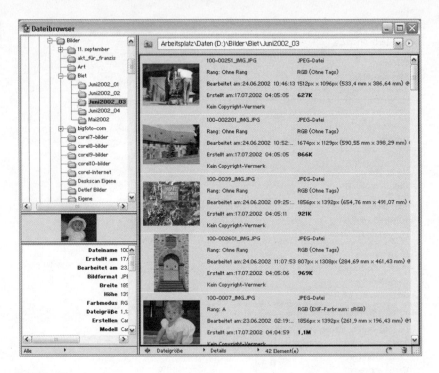

Ab sofort wissen wir, dass *Photoshop 7* seinem Programm einen Dateibrowser beigelegt hat, der sich für das alltägliche Bilder suchen bestens eignet. Ich, Hugo Pixel, habe mich aber schon jahrelang an mein *ACDSee* gewöhnt und Sie vielleicht an Ihr kostenloses *Irfan View*. Vorerst sehe ich keinen Grund, mich von meinen lieb gewordenen Gewohnheiten zu trennen. Für einen Anfänger, der noch mit keinem der beiden aufgeführten Programmen gearbeitet hat, ist der Dateibrowser wahrscheinlich doch die richtige Wahl.

15 Abschneiden oder ausschneiden?

Vornehmlich bei Photos aus der Digitalkamera oder beim Download kann ein unerwartetes Problem auftreten.

Probieren Sie mal, ein solches Bild in die handelsübliche Größe von 9 x 15 cm oder 13 x 18 cm umzurechnen, dann wissen Sie, was ich meine. Das Labor macht sich da auch keine allzu großen Sorgen um Ihre Photos, sie schneiden einfach.

In diesem Kapitel erfahren Sie, wie wir
□ die Pixelmaße finden,
□ einen Bildausschnitt mit einer Auswahl festlegen und
□ das Bild auf die Auswahl beschneiden.

Um es gleich vorweg zu nehmen: Ohne Bildteile an irgendeiner Stelle zu entfernen, geht es nicht. Leider können weder ich, Hugo Pixel, noch *Photoshop* zaubern. Es ist aber immer besser, selbst zu entscheiden, wo etwas weg kann, als dies dem Photoladen oder einem Anbieter im Internet zu überlassen.

Wir wollen uns zuerst mal das Problem genau anschauen und dann vereint nach einer Lösung suchen, so wie Sie das von mir gewohnt sind.

15.1 Das Problem

Wir nehmen ein Bild aus der Digitalkamera für unsere erste Neuberechnung und begutachten die vorhandenen Maße.

☑ Laden Sie von der CD das Bild *Girl333.jpg* aus dem Ordner *Bildmaterial\Kapitel 15*.

Eine genaue Information gleichzeitig über Pixel, Größe und Auflösung erhalten wir nur im Menü Bildgrösse.

☑ Rufen Sie Bild ♦ Bildgrösse auf, damit öffnen Sie das gleichnamige Dialogfenster.

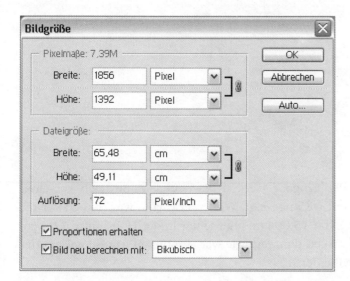

Die für uns vorerst wichtige Information ist die Angabe über die Größe, unser Bild ist 65,48 cm breit und 49,11 cm hoch. Wir hätten es aber gerne in den Maßen 10,00 cm x 15,00 cm.

Es ist wohl für jeden verständlich, dass wir nicht einfach die gewünschten Maße in die entsprechenden Felder eingeben können. In diesem Fall würde das Bild gestaucht, was auch kein wünschenswertes Ergebnis ist.

Wie Sie sich vielleicht aus vorherigen Kapiteln erinnern, geben wir nur einen Wert ein, entweder für Höhe oder Breite. Bei unserem Beispiel testen wir das erst mal mit der Breite.

☑ Im Dialogfenster Bildgrösse geben Sie im Feld für Breite die gewünschten 15,00 cm ein. Die Kontrollkästchen für Proportionen erhalten und Bild neu berechnen mit müssen aktiviert sein, als Methode wählen Sie Bikubisch.

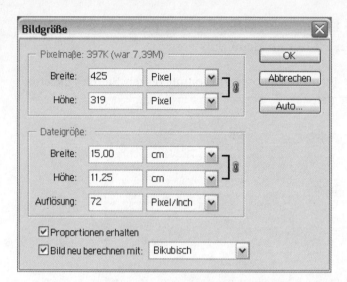

Sofort nach der Eingabe werden die neuen Maße noch vor einer Bestätigung mit OK angezeigt. Wie zu erwarten war, haben wir die richtige Breite von 15,00 cm, aber leider in der Höhe satte 1,25 cm zu viel. Die müssen da irgendwie weg. Probieren wir es mal mit der exakten Eingabe der HÖHE.

So funktioniert es noch weniger, denn jetzt erhalten wir die gewünschte Höhe von 10,00 cm, dafür fehlen uns jetzt 1,67 cm in der Breite. Ich glaube, das entspricht auch nicht ganz unseren Vorstellungen.

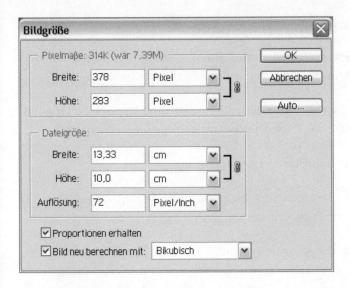

Zurück zu der exakten Eingabe der Breite und den in der Höhe zu viel vorhandenen 1,25 cm. Mag sein, dass Sie nicht weiter über die 1,25 cm nachdenken möchten und es ist Ihnen egal, wo das Labor die Schere ansetzt. Bei einer Landschaftsaufnahme ist es vielleicht noch OK, bei einem Portrait ist der Schnitt an der falschen Stelle recht ärgerlich.

15.2 Die Lösung

Wir haben erfahren, dass alleine mit der Neuberechung eines Bildes wir der Lösung nur etwas näher kommen. Was machen wir nun? In solchen Fällen hilft oftmals einfach kurz nachdenken.

Lassen wir die grauen Gehirnzellen mal rotieren, zuerst wäre es gut zu wissen, mit welcher Auflösung das Labor arbeitet. Für eine optimale Qualität arbeiten die meisten Labors mit einer Auflösung von 300 DPI (gleich 300 Pixel/Inch). Wir nutzen erneut das Menü BILDGRÖSSE, diesmal gehen wir aber etwas anders vor.

15.2.1 Pixelmaße erkunden

Sicher ist es von Vorteil, wenn wir mit einer Kopie arbeiten und das Originalbild unverändert auf der Festplatte belassen.

☑ Erstellen Sie mit BILD ✦ BILD DUPLIZIEREN eine Kopie vom Original. (Die Abfrage von *Photoshop* bestätigen Sie einfach mit OK.)

☑ Führen Sie dann BILD ✦ BILDGRÖSSE aus

☑ Aktivieren Sie BILD NEU BERECHNEN MIT, deaktivieren Sie das Kästchen für PROPORTIONEN ERHALTEN.

☑ Ändern Sie die AUFLÖSUNG auf 300 Pixel/Inch und in den Feldern für BREITE und HÖHE geben Sie die exakten Wert von 10,0 cm und 15,0 cm ein. Achtung, nicht auf OK klicken, uns interessiert hier nur die Information!

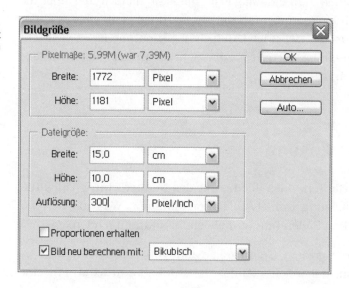

Oben im Dialogfenster erhalten wir die gesuchten Werte für die PIXELMASSE: für BREITE 1772 PIXEL und für HÖHE 1181 PIXEL. Suchen Sie etwas zum Schreiben und notieren Sie diese beiden Zahlen.

15.2.2 Bildauflösung ändern

Im nächsten Schritt geben wir dem Photo die gewünschte Auflösung ohne die Funktion BILD NEU BERECHNEN MIT.

☑ Zuerst deaktivieren Sie das Kästchen für BILD NEU BERECHNEN MIT.

☑ Geben Sie dann im Feld für AUFLÖSUNG einen Wert von 300 Pixel/Inch ein. Diese Einstellung bestätigen Sie mit OK.

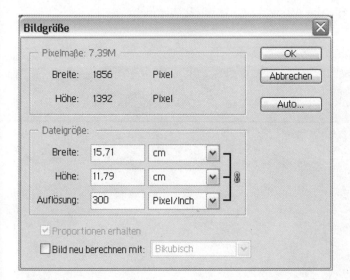

Bild 15.5:
Jetzt ändern wir wirklich die Bildmaße und Bildauflösung

15.3 Bildausschnitt festlegen

Die Vorarbeiten sind abgeschlossen, wir stürzen uns gemeinsam auf den richtigen Bildausschnitt.

☑ Aktivieren Sie in der WERKZEUG-Palette das Werkzeug AUSWAHLRECHTECK.

☑ In der Optionsleiste wählen Sie im Bereich ART den Eintrag FESTE GRÖSSE und in den daneben liegenden Feldern geben Sie die Werte ein, die wir vorhin notiert haben. Das ist für BREITE 1772 PX und HÖHE 1181 PX.

Art: Feste Größe ☑ Breite: 1772 Px Höhe: 1181 Px

☑ Klicken Sie in das geöffnete Bild.

Die Auswahl wird dank der zuvor getroffenen Einstellungen in der richtigen Größe angezeigt.

☑ Mit gedrückter Maustaste oder den Tasten ⬅, ➡, ⬆ und ⬇ verschieben Sie die Auswahl ganz nach Wunsch.

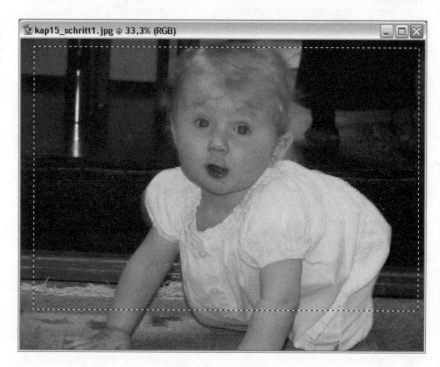

kap15_schritt1.jpg @ 33,3% (RGB)

Ist der richtige Ausschnitt gewählt, bleibt noch übrig, das Photo auf die neuen Maße zu beschneiden.

☑ Führen Sie BILD ◆ FREISTELLEN aus und löschen die Auswahl mit AUSWAHL ◆ AUSWAHL AUFHEBEN oder der Tastenkombination [Strg]+[D].

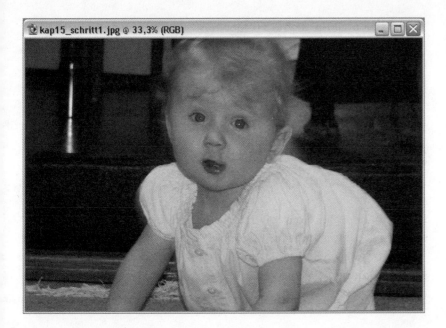

Sicherheitshalber überprüfen wir den Vorgang und schauen nach, ob *Photoshop* richtig gerechnet hat oder uns selbst eventuell ein Fehler unterlaufen ist.

☑ Rufen Sie BILD ◆ BILDGRÖSSE auf.

Bildgröße ☒

Pixelmaße: 5,99M

Breite: 1772 Pixel

Höhe: 1181 Pixel

OK

Abbrechen

Auto...

Dateigröße:

Breite: 15 cm ▾

Höhe: 10 cm ▾ ⃪🔗

Auflösung: 300 Pixel/Inch ▾

☑ Proportionen erhalten

☐ Bild neu berechnen mit: Bikubisch ▾

Da gibt es absolut nichts zu meckern, Sie, ich und *Photoshop* haben korrekt gearbeitet. Wir haben es schwarz auf weiß, dass unser Bild eine AUFLÖSUNG von 300 DPI (PIXEL/INCH) und die lang ersehnten Maße von 10,0 cm x 15,0 cm hat. Was wollen wir mehr?

15.4 Die Pixelmaße bei unterschiedlicher Auflösung

Hier erhalten Sie eine zusätzliche Hilfestellung, die es Ihnen erspart, bei den gängigen Auflösungen die Pixelmaße, wie unter 15.2.1 beschrieben, selbst zu erforschen. Mit der folgenden Aufstellung können Sie die Auswahlgröße direkt in der Optionsleiste eingeben.

DPI	Photoformat	Pixel
300	9 x 13	1063 x 1535
300	10 x 15	1181 x 1772
300	13 x 18	1535 x 2126
150	9 x 13	531 x 768
150	10 x 15	591 x 886
150	13 x 18	768 x 1063

Bei diesen Auswahlen liefert Ihnen auch der Photoladen oder der Print-Service im Internet garantiert den richtigen Ausschnitt. Unfreiwilliger Verlust von Bildteilen gehört der Vergangenheit an.

Hallo, hier meldet sich Hugo Pixel zum letzten Mal in diesem Buch.

Puuh, war das ein trockenes Thema, ich verlasse jetzt gleich mit einem guten Glas italienischem Wein meinen Rechner und besuche mal meine Frau Frieda in unserem Wohnzimmer. Bin gespannt, ob die mich noch kennt.

Zuvor möchte ich mich bei Ihnen, liebe Leserin und lieber Leser verabschieden. Haben Sie sich bis hierhin vorgekämpft, gratuliere ich Ihnen zu Ihrer Ausdauer, gleichzeitig ein herzliches Dankeschön, dass Sie es so lange mit mir ausgehalten haben. Vielleicht begegnen wir uns in einem anderen Buch wieder. Bis dahin wünsche ich Ihnen ein glückliches Händchen im Umgang mit den Pixeln.

Ihr Hugo Pixel

Index

*

*.psd 75
3D-Look 130

A

Abgeflachte Kante und Relief 128, 187
AI 50
Alles auswählen 166, 209
Ansicht ändern 23
Anwendungsfenster 16
Arbeitsfläche 209
   vergrößern 52, 208
Auf Hintergrundebene reduzieren 104, 227
Auf Mediengröße skalieren 202
Aufhellen 146
Auflösung 42, 161, 199
Augensymbol 28
Auswahl
   aufheben 62, 69, 248
   entfernen 62
   erzeugen 164
   umkehren 55, 108
   und Ebene 54
   verändern 60, 111, 112
   verkleinern 112
Auswahlrahmen 60
Auswahlrechteck 164
Auto-Tonwertkorrektur 83

B

Begrenzungsrahmen 65
   einblenden 20
Bereinigen 118
Bikubisch 43, 243

Bild
   aus Internet holen 32
   bewegen 92
   duplizieren 136, 204, 246
   im Dateibrowser auswählen 236
   in Druckvorschau skalieren 198
   laden 17, 96
   neu berechnen 42, 204, 243
   öffnen aus Dateibrowser 236
   proportional skalieren 101
   speichern 75
   zentrieren 201
Bildauflösung 38
   ändern 40
   für Druck einstellen 198
   mit Bildneuberechnung 203
   ohne Neuberechnung 199
Bildausschnitt festlegen 247
Bildgröße 40, 204, 243
Bildmaße ändern 42
Bildteile radieren 99
Bitmap 50
BMP 49

C

CMYK-Farbe 50

D

Datei
   laden 13, 17
   speichern 192
   speichern unter 47
Dateibrowser 232
   in separatem Fenster 233

Dateiendung 46
  anzeigen 47
Dateiformat 46
  AI 50
  anzeigen 46
  BMP 49
  EPS 50
  GIF 49
  JPG 49
  PSD 49
  TIFF 49
Dateigröße 153
Deckkraft 70
Differenz-Wolken 59
Digitalkamera 35
Distorsion 163
Dokumentmaße 31
Download 37
DPI 38, 200
Drehen 174
Drucken 203
  mit Vorschau 196, 200
Duplex 51

E

Ebene
  an der rechten Seite ausrichten 209
  ausrichten 166
  automatisch wählen 20
  drehen 72
  duplizieren 66, 173, 208, 215
  durch Kopie 55, 60, 165, 167
  färben 68
  löschen 100, 168
  markieren 56
  neu erstellen 54
  skalieren 64, 172
  transformieren 71
  umbenennen 30, 55, 168
  verknüpfen 71
  verschieben 97
  vorübergehend ausschalten 61

Ebeneneffekt
  hinzufügen 27, 128, 191
  nachträglich ändern 132
Ebenenmaske 92
  ändern 96
  hinzufügen 27, 93, 94
Ebenen-Palette 27, 93, 173, 181
Ebenenstil 73, 128, 169
Eigene-Form-Werkzeug 179
EPS 50
Extrahieren 114

F

Farbbalance 65, 87
Farbe ersetzen 85, 176
Farbfelder 68
Farbfelder-Palette 25, 162
Farbig abwedeln 224
Farbmodus 50
  Bitmap 50
  CMYK 50
  Duplex 51
  Graustufen 51
  indizierte Farben 51
  RGB 50
Farbregler-Palette 25, 68
Farbverlauf 93
Feste Größe 247
Filter 114
  Rendering-Filter 162
  Verzerrungsfilter 62, 162
Fläche füllen 58, 62
Form mit Stil 184
Format 48
Formebene spiegeln 184
Formen nachträglich ändern 182
Form-Werkzeuge 179
Freistellen 108, 248
Füllmethode 229
  für Ebene einstellen 69
Füllwerkzeug 117
Für Web speichern 150

G

Ganzes Bild..137
Gaußscher Weichzeichner.............224, 228
GIF..49, 149
   mit Transparenz..............................156
Graustufen..51

H

Hand-Werkzeug.......................24, 118, 151
Hart meißeln...129
Helligkeit/Kontrast..........................84, 226
Hintergrund...28
Hintergrundebene...................................56
   duplizieren.....................................215
   umwandeln......................................97
Hintergrundfarbe....................................58
Histogramm..79
Horizontal spiegeln.................92, 174, 184
Horizontale Mitten ausrichten...............166
Horizontales Text-Werkzeug...................188

I

Im Bild navigieren................................137
In separatem Fenster einblenden...........233
Indizierte Farben.....................................51
Informationsleiste....................................31
Internet..35

J

JPG...46, 49, 149
   speichern..47

K

Kantenmarker.......................................115
Kantenschärfe.......................................137
Kantenverfeinerer.................................118
Kopierstempel-Werkzeug.......................140
Kunstfilter...218

L

Ladezeit...153
Linearer Verlauf...............................93, 178

M

Magnetisches Lasso.....................110, 113
Malabstand...137
Malmodus...143
Mehrmals als *.JPG speichern...............156
Menüleiste...18
Mit Formen zeichnen.............................179
Mit Struktur versehen...........................219
Multiplizieren.................................69, 229

N

Navigator-Palette..................................137
Neue Datei anlegen...............................161
Neue Ebene
   aus Auswahl..................................165
   aus dem Hintergrund......................167
   erstellen...54
Neue Füllebene oder Einstellungsebene
   erstellen...27

O

Optionsleiste..........20, 107, 113, 123, 136

P

Paletten...24
Palettenoptionen....................................26
Palettenposition zurücksetzen................26
Photo
   als *.JPG speichern.......................149
   einsetzen..91
   zentrieren.......................................91
Photoshop starten...................................16
Pipette...142
Pixel/Inch...38
Pixelbilder..32, 33

Pixelmaße bei unterschiedlicher
   Auflösung 250
Programmoberfläche 17
Proportional skalieren 65, 102
Proportionen erhalten 43
PSD 49

Q

Quick Info 23, 68

R

Radialer Weichzeichner 212, 213
Radieren von Bildteilen 99
Radiergummi 99, 216
Rendering-Filter 59, 162
   Wolken 162
Reparatur-Pinsel 137
Retuschieren 139
RGB-Farbe 50
Rückgängig 58

S

Sättigung verringern 66, 222
Scanner 32, 34
Scharfzeichnungsfilter 88
Schatten
   hinzufügen 72
   nach innen 169
Schlagschatten 72, 130, 187
Schnittmarken verwenden 207
Schriftart 123
Schriftgrad 123
   einstellen 188
Seite einrichten 205
Skalieren 174
Skalierte Ausgabegröße 197, 202
Speichern 19
   als Kopie 155
   rechtzeitig 76
   unter 75, 96
Stil 126, 185

Struktur 129
Strukturierungsfilter 219

T

Tatsächliche Pixel 45, 102
Text
   hinzufügen 188
   mit Effekt 127
   schreiben 123
   zentrieren 124, 188
Textebene 127
Textfarbe einstellen 188
TIFF 49
Titelleiste 18, 91
Tonwertkorrektur 80
Transformieren 92, 174, 184
Twain-Schnittstelle 35

Ü

Überblendung mit Ebenenmaske 92
Umkehren 223
Unscharf maskieren 88

V

Vektorgrafiken 32, 33
Verkrümmten Text erstellen 126
Verlauf in gerader Linie 94
Verlaufswerkzeug 93
Verschieben-Werkzeug 20, 57, 91, 172
Vertikale Mitten ausrichten 166
Vertikaler Text-Werkzeug 123
Verzerrungsfilter 162
   Glas 162
   Kräuseln 62
Vorder- und Hintergrundfarbe
   vertauschen 145
Vordergrundfarbe 58, 68, 142, 145
Vorschau 117, 129
Vorschaubild 28

W

Weiche Auswahlkante 112

Werkzeuge 22

Werkzeug-Palette 22, 55

Wolken 162

Z

Zauberstab 55, 107

Zoom-Werkzeug 24, 101, 115, 136